U0663884

# 城市交通信号控制建模与优化

## 基于智能计算和深度强化学习

乔志敏 ◎ 著

化学工业出版社

·北京·

## 内 容 简 介

本书围绕城市交通信号控制难题，综合运用智能计算与深度强化学习技术展开介绍。开篇阐述了交通拥堵现状及智能交通系统发展背景，梳理了交通信号控制技术的研究现状。接着，针对多交叉口信号协同控制，提出半分布式三层框架及相应优化模型与算法；针对传统车流动力学建模局限，引入单智能体深度强化学习方法，创新动作空间、奖励函数等；针对多交叉口信号控制难题，提出新算法并结合平均场理论等机制，解决维度灾难和 $Q$ 值过估计问题。

本书所提模型和算法均通过仿真实验，有较强的实践指导意义。本书适合交通工程领域的工程师及科研人员学习，也可用作高等院校相关专业的教学参考书。

**图书在版编目（CIP）数据**

城市交通信号控制建模与优化：基于智能计算和深度强化学习 / 乔志敏著. -- 北京：化学工业出版社，2025.7. -- ISBN 978-7-122-47970-9

Ⅰ. U491.5

中国国家版本馆 CIP 数据核字第 2025RA7374 号

---

责任编辑：耍利娜　　　　　文字编辑：侯俊杰　温潇潇
责任校对：宋　玮　　　　　装帧设计：王晓宇

---

出版发行：化学工业出版社
　　　　　（北京市东城区青年湖南街 13 号　邮政编码 100011）
印　　　装：北京科印技术咨询服务有限公司数码印刷分部
710mm×1000mm　1/16　印张 10¼　字数 162 千字
2025 年 8 月北京第 1 版第 1 次印刷

---

购书咨询：010-64518888　　　　售后服务：010-64518899
网　　址：http://www.cip.com.cn
凡购买本书，如有缺损质量问题，本社销售中心负责调换。

---

定　　价：79.00 元　　　　　　　　　　版权所有　违者必究

在当今城市化快速推进的时代，交通拥堵如同城市发展的"顽疾"，严重制约着城市的可持续发展。它不仅导致人们出行时间大幅增加，降低生活效率与质量，还对经济发展造成负面影响，带来环境污染、能源浪费等一系列问题。

随着城市化进程的不断加速，城市人口持续增长，机动车保有量也在迅猛攀升。这种快速增长使得交通需求与有限的交通基础设施之间的矛盾日益尖锐。传统的交通信号控制方式已难以适应复杂多变的交通流量，无法从根本上解决交通拥堵问题。智能交通系统的出现，为交通信号控制领域带来了新的曙光。智能交通信号控制系统作为智能交通系统的核心组成部分，将先进的智能控制技术、信息融合技术、交通预测技术与交通管理技术相结合，实现了点线面的交通信号协同控制，成为城市交通信号控制发展的必然趋势。

在这样的背景下，本书围绕城市交通信号控制的建模与优化，综合运用智能计算和深度强化学习技术，旨在探索更为高效、智能的交通信号控制策略。在多交叉口信号协同控制方面，本书提出了一种半分布式的三层架构，在此基础上建立了自适应交通信号协同优化模型，并对公共周期模型进行改进，同时设计了基于免疫的烟花算法。该算法利用抗体多样性和免疫细胞间的交流机制，克服了传统算法的局限，显著提升了算法的性能和控制效果，有效降低了交通延迟时间，解决了相位差冲突问题。

针对基于车流动力学建模的交通信号控制方法存在的局限性，本书引入了基于深度强化学习的单智能体控制方法。通过重新设计动作空间、奖励函数以及提出累积延迟近似方法，充分考虑了行人穿越等实际因素，从微观层面实现了更精准的交通信号控制。同时，提出基于动态权重的 soft actor-critic 算法，显著提高了算法的收敛效率和性能，有效优化了交通性能指标。

在多智能体深度强化学习的研究中，本书提出了合作的基于指数加权移动平均的动态延迟更新双延迟深度确定性策略梯度算法。通过引入平均场理论、联合奖励分配机制和状态共享机制，有效解决了动作空间维度灾难和 Q 值过估计等难题，大幅提升了算法在多交叉口信号控制中的性能。

本书能够为从事交通工程、智能控制等领域的科研人员和工程师提供有价值的参考，共同推动城市交通信号控制技术的发展，为缓解交通拥堵、构建高效便捷的城市交通系统贡献力量。

由于著者水平有限，书中不足之处在所难免，望广大读者批评指正。

著　者

# 目录
CONTENTS

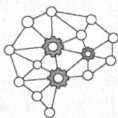

第 **1** 章

# 绪论

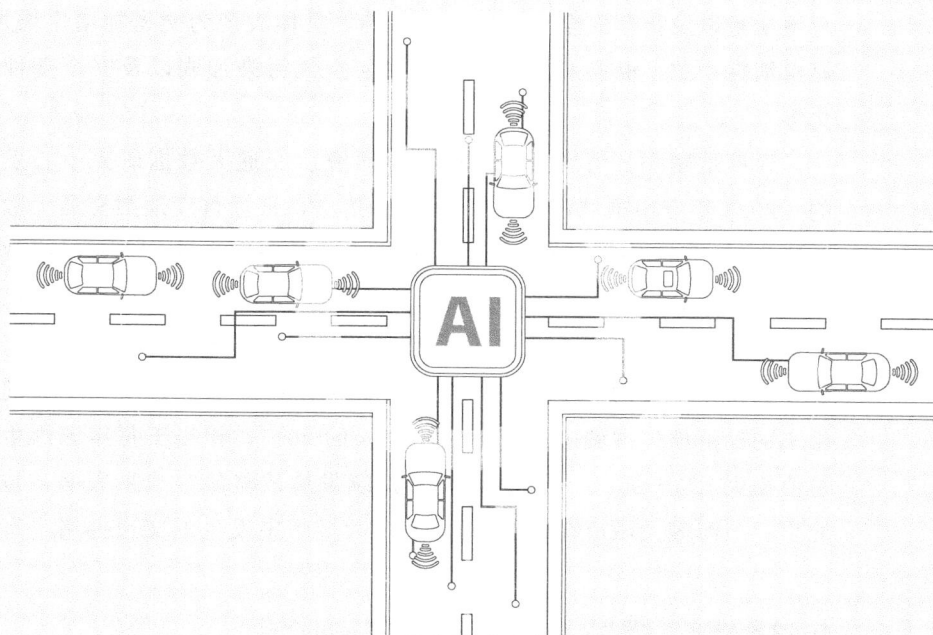

# 1.1
# 交通信号控制技术研究背景

近年来，交通拥堵逐渐从一线城市蔓延到二线甚至三线城市，日益成为制约城市发展规模的一个严重问题。造成该问题的原因有许多，如人口增长率高、城市化率高[1]、车辆年增长率高[2]、城市发展早期规划不成熟[3]、土地面积有限以及道路基础设施融资减少[4]等。对于发展中国家来说问题更加复杂，发展中国家的城市扩建速度、车辆增长速度以及人口增长率都要比发达国家快得多[5]。国家统计局发布的数据显示，截至 2024 年末，我国城镇化率为 67％，比上年末提高 0.84个百分点[6]。2024 年全国机动车保有量达 4.53 亿辆，其中汽车为3.53 亿辆，并且一直保持每年 2000 万辆以上的增长速度。机动车驾驶人数达 5.42 亿，其中汽车驾驶人数 5.06 亿。2024 年全国新注册登记机动车 3583 万辆，新领取驾驶证人数 2226 万。汽车保有量的急剧上升以及城镇化率的快速提升，导致快速增长的城市交通需求与交通基础设施的匮乏之间的矛盾日益突出，进而对车辆通行效率、经济生产率、环境质量以及行车安全等产生负面影响，具体表现为交通拥堵率增加、燃料消耗增加、商品和服务成本增加、空气污染加剧以及安全条件恶化等[7-9]。

百度地图联合清华大学数据科学研究院交通大数据研究中心发布的《2023 年度中国城市交通报告》[10] 指出，根据百度地图交通大数据监测显示，2023 年全国 10 个主要城市的平均路网高峰行程延时指数为1.921，同比上升 9.46％，平均车速为 25.19km/h，同比下降 6.8％，交通信号控制路口平均通行延误为 41.75s。更重要的是，交通拥堵会给社会带来巨大的经济损失，中国交通部发布的数据显示，交通拥堵带来的经济损失占城市人口可支配收入的 20％，相当于每年国内生产总值损失 5％～8％。中国科学院可持续发展战略研究成果表明，包括北京、上海等大城市在内的全国 15 个大城市中发生的交通拥堵，每天的相关处理费用达到 10 亿元。由此可见，无论从民生角度还是经济角度来说，交通拥堵都是一个亟待解决的社会问题。

缓解交通拥堵的方法大致分为三类。

① 加强城市路网基础设施建设，包括建设主干路、次干路以及支路等搭配合理的路网系统，加强城市道路与干线公路的有效衔接，适当增加城市出入口数量，打通各类"断头路"，实现交通"微循环"，形成完整路网[11,12]。改造并完善交通拥堵路段的道路、高架桥等，提高车辆通行效率。因地制宜地发展城市快速路和主干道路口微型立交、人行过街天桥、地下通道等立体交通。

② 通过多种限制政策控制路网内车辆的数量，例如单双号限行、错峰出行、车辆摇号上牌等政策[13]。需要注意的是该方法并不能从根本上解决交通拥堵问题，随着车辆的不断增加，车辆限行的效果会大打折扣。

③ 增强现有道路的利用率和车辆吞吐量，主要包括交叉口信号的合理控制、交通流量预测以及采用车辆诱导技术来引导行驶方向等。

从以上三点可以看出，方法①中道路基础设施的新建和扩建可以在一定程度上缓解现有的交通拥堵问题。但是该方案需要大量的经济投资和土地资源，不能从根本上解决问题。而方法②是以牺牲人们出行的便利性为代价的，忽略了人们出行的刚性需求，而且从目前已经采取限行措施的城市来看，限行依然在继续，但交通拥堵的状况并没有得到根本的改善。因此，方案③是政府解决交通拥堵问题、提高道路利用率的主要途径，其中又以交通信号控制为最优方式。

近年来，随着芯片技术[14,15]、传感器技术[16]、5G 技术[17]、图像识别技术[18] 和物联网技术[19] 的蓬勃发展，智能交通系统（intelligent traffic system，ITS）的概念开始走入大众视野，这给交通信号控制的软硬件平台提供了全新的技术支持。智能交通系统这个概念最初是由美国在 20 世纪提出的，它是一系列系统的集成，如交通信号控制系统、交通信息共享系统、先进驾驶辅助系统和电子收费系统等，如今它在世界范围内，特别是在美国、日本和欧盟，是一个大力研究和发展的方向。《美国 2050 年远景：国家综合智能运输系统》提出，21

世纪将建设成具有整体化、国际化、联合化、包容化、智能化和创新化的交通运输系统，并以此为导向在 2050 年建成安全、经济、环保、高效和畅通的国家综合智能交通运输系统，其智能交通系统的结构如图 1-1 所示。《日本智能交通政策体系》提出要注重交通总体规划和交通方式的集约化，将内陆、海岸、航空的交通方式紧密结合，重视交通资源配置的有效性和环保性，建立安全、舒适、便捷、绿色的智能交通运输网络。《欧盟未来交通政策白皮书》提出将通过全面综合的政策促进技术的开发、集成和融合，建设高效协同、绿色环保的智能交通运输系统，重点关注道路网、公交网、铁路网、水运网的合理配置与相互衔接，建设便捷舒适的智能化综合交通枢纽。我国通过国家科技计划对智能交通发展给予了持续支持，针对车路协同、交通状态感知和交互、车联网、环境友好型的智能交通、多模式的交通信号协同、道路安全的智能化管控等智能交通的核心关键技术，进行了持续的研究和应用推动，促进了智能交通与信息技术最新成果的融合。

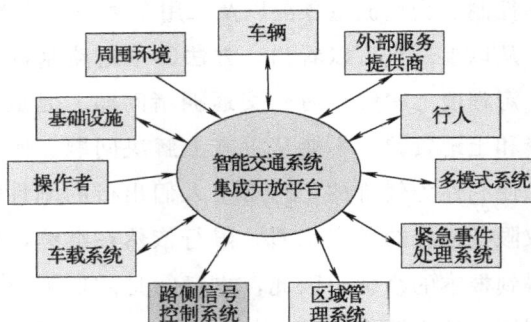

图 1-1　美国智能交通系统的结构

这一系列的发展规划和应用中，智能交通信号控制系统是智能交通系统的一个重要组成部分。它把先进的智能控制技术、信息融合技术、交通预测技术与交通管理技术结合起来，进行了点线面的交通信号协同控制，代表着城市交通信号控制系统的发展方向[20]。在控制思想上，由被动控制向主动自适应控制发展。控制技术上，借助于现代科学技术向智能化、集成化发展[21]。控制规模上，由宏观控制、微观控制向宏观微观结合的控制发展。控制模式上，由静态控制向动态控制发展[22]。总之，充分采用系统思维和方法来研发城市先进交通信号控制系统的硬件技术和软件技术。基于此，国内各大互联网公司，比如京东、滴滴以及阿里巴巴陆续提出了"交通信号互联网+"的方案。滴滴交通云融合了传统交通采集设备数据、互联网轨迹数据，实现了主动信号优化、精确区域控制及全面效果评价的智能化信号控制。阿里巴巴"互联网+信号灯"融合了移动互联网数据和交警自有数据，将多种信息融汇在一起优化了信号配时方案。互联网信号控制系统不仅能够利用人工智能技术和网络流算法来优化信号配时方案，而且可以评价交叉口信号配时方案的运行效果及对周边区域交通的影响。在这个智能交通系统蓬勃发展的时代，交通信号的控制问题仍然值得深入研究和探索，它对人们的方便出行乃至低碳环保政策的落实仍具有不可替代的意义。

合理的交通信号控制从空间上来说可以在增加车流速度和密度的同时减缓交通拥堵，从时间上来说可以大大减少人们的出行时间，提高出行效率。更重要的是，交通拥堵的减少会减缓驾驶员和行人的焦虑情绪，对减少交通事故的发生具有重要意义。汽车驾驶人数的持续增长再加上路网中不合理的交通信号控制，导致交通事故频繁发生，严重威胁了驾驶员和行人的生命安全。世界卫生组织表示，如果不持续采取行动，预计到2030年道路交通事故将成为全球第七大死因。因此无论从提高交通运输效率的角度还是从人民群众安全出行的角度来看，进行合理有效的交通信号控制迫在眉睫。

交通信号控制系统不仅具有较强的非线性、模糊性和不确定性，还具有多信息来源、多传感器的特点，是一个典型的分布式系统。此外，路网中各交叉口的车流互相关联耦合，很难对全网的交通信号进行协同控制。因此智能化是城市交通信号控制系统的发展趋势和研究前沿。具体的研究可以从两方面入手：其一，根据特定交通网的物理特性、车流状况，以及在通信网络、芯片技术和物联网技术的协作下，建立具有强针对性的交通信号优化模型，实现交通信号的协同控制；其二，运用近年兴起的深度强化学习方法，让信号控制智能体根据当地的环境和车辆状况，通过不断试错的学习方式找到最优的信号控制策略，该方法最大的优势是不需要建立优化模型且可扩展性强，对处理分布式系统优化问题具有天然优势。以上两种方法都各有优势，无论采用哪种方式都对提高交通信号的智能控制水平、缓解交通拥堵状况以及提高人们出行的便利性和安全性有巨大的帮助。现阶段利用新的理论和方法来解决交通信号的协同控制问题仍然具有实际的应用价值和意义。

# 1.2
# 交通信号控制技术分类及国内外研究现状

交通信号控制技术是一个热门且研究方向较多的领域，有多种分类方式，本节仅从基于经典的交通信号控制技术、基于强化学习的交通信号控制技术和基于车联网的交通信号控制技术三个方面进行综述。

## 1.2.1 基于经典方法的交通信号控制技术

经典的交通信号控制技术通常是对交通环境进行数学建模后，利用精确算法或智能优化方法来求解。根据交通信号配时是否固定可以大致分为定时信号控制和自适应信号控制两类。关于定时控制，这里主要介绍以增大主干道绿波带宽为目标的多交叉口定时信号协同控制，最原始的单交叉口定时信号控制这里不做介绍。自适应信号控制能根据交通情况实时调整信号配时，灵活性更强，控制效率更高。本小节将从这两个方面进行介绍。

### （1）交通信号的定时协同控制

交通信号定时协同控制已被证明能有效地减少交通延迟和拥堵。目前常见的定时协同优化模型有 MAXBAND[23]、MULTIBAND[24]、PROS[25] 等。Little 等人[23] 提出了 MAXBAND 模型，旨在为主干道的各交叉口配置适当的定时信号以最大化绿波带宽，能在规定的范围内给出信号周期长度和最优行车速度，还可以根据用户定义的权重生成最优的定向绿波带宽，模型的求解通常采用分支定界算法[26]。Ass-mann 等人[24] 提出了 MULTIBAND 模型，该模型优化了主干道的定向绿波带宽。为了验证 MULTIBAND 模型的实际效果，选用 NETSIM 作为交通模拟器，分别用 MAXBAND 和 MULTIBAND 这两种模型来优化主干道的信号配时，实验结果表明，与 MAXBAND 模型相比，MULTIBAND 模型显著改善了交通性能，降低了 11％的交通延迟时间，减少了 15％的停车次数。Wallace 等人[27] 通过扩展 PROS 方法提出了一种基于固定配时的交通信号协同优化模型。实验结果表明，该模型与 MAXBAND 模型相比，使最大绿波带宽提高了 30％，延迟时间降低了 21.4％。Lieberman 等人[28] 设计了一种实时/内部计量法，用于求解过饱和条件下的交通信号控制问题。该方法旨在通过稳定车辆的队列长度来优化干道各交叉口的信号配时。实验结果表明，该方法显著增大了绿波带宽，提高了车辆的平均行驶速度，降低了总延迟。

### （2）交通信号的自适应控制

早在 1963 年，Miller 等人[29] 就提出了第一个可以动态调整交通信号配时的方法。基于 Miller 模型的原理，研究人员开发了各种自适应交通信号控制系统，如 SCOOT[30]、SCATS[31]、RHODES[32]、TUC[33] 等，其中一些已应用于城市交通网，各系统的详细说明如表 1-1 所示。现有的自适应交通信号控制方法中，控制器一般是根据前一个公共周期内的车流信息计算信号配时方案。最近的研究表明，先进的数据采集和通信技术能显著改善自适应交通信号控制的效果[34,35]。对于 SCOOT 和 SCATS 等系统来说，车流信息的收集采用被动方式，因此无法预测交通流的变化。PREDICT 算法[36] 通过在上游交叉口设置检测器，虽然能够根据上游的信号相位和队列长度预测交通流量，但是 PREDICT 算法仅在当上游交叉口为定时信号控制时才有效。Tan 等人[37] 利用 GPS 数据开发了一种到达时间估计算法，将公交到达时间作为后验估计参数。Sun 等人[38] 通过挖掘相邻交叉口中可用的检测器和信号控制器信息，建立了一个动态数据驱动的交通流量预测模型。

Zheng 等人[39] 提出了一种指数平滑方法,用于预测来自上游交叉口的车流。在这些研究中,"到达"指的是车辆到达停车线或固定环状检测器。因此,在到达估计中没有考虑下游队列长度,当车流量过大时,这些方法可能会导致预测偏差[40]。Tiaprasert 等人[41] 提出了一种基于离散小波变换的队列估计算法,并在互联环境下取得了满意的效果。

表 1-1　自适应交通信号控制系统

| 自适应信号控制模型 | 传感器 | 传感器位置 | 控制策略 |
|---|---|---|---|
| SCOOT[30] | 环状 | 上游 10～20(m) | 最小化队列长度 |
| SCATS[31] | 环状 | 停车线 | 最小化停车次数和行车时间 |
| RHODES[32] | 环状 | 停车线的上游 | 原点-目的地矩阵、流量控制和信号控制 |
| COMDYCSⅢ[42] | 环状 | 距停车线 0(m)、150～300(m) | 多个优化目标 |
| LHOVRA[43] | 环状 | 距停车线 10(m)、85(m)、140(m)、200(m)、300(m) | 多个优化目标 |
| OPAC[44] | 环状 | 上游 120～180(m) | 最大化性能指数总和 |

　　自适应交通信号控制的另一个关键点是控制策略的选择。信号控制算法根据规划区域内的预测车流,分配相应的相序和时间,使车辆延迟最小化。同时,为了便于计算,可以使用动态规划将信号周期分解为若干个阶段。如果每个动态规划阶段对应一个固定的时间间隔(例如 5s),则为每个间隔分配相位序列,形成一个最优解。如果每个阶段代表一个完整的相位,如在 COP[45] 中,则用动态规划计算相位持续时间。一旦分配的相位持续时间为零,则在最优解中跳过该相位。因此,与其他控制方法相比,COP 在相序上具有更大的灵活性。另外,数学规划方法在交通信号控制问题中也得到了广泛的应用。Lin 等人[46] 提出了一种可变公共周期长度的增强型混合整数线性规划模型。由于该模型采用分支定界算法求解,能否实现实时控制仍是一个有待解决的问题。Lertworawanich 等人[47] 提出了一种多目标规划模型来最小化过饱和交通网中的总车辆延迟,但所提出的遗传算法需要在并行计算系统中才能实现在线优化。

## 1.2.2　基于深度强化学习的交通信号控制技术

深度强化学习方法可以直接从观察到的数据中学习，而无需对交通模型作出特定的假设。基于深度强化学习的交通信号控制系统首先观察当前交通状况，采取不同的动作（即交通信号配时），然后根据环境的反馈来学习和调整策略。近年来随着深度强化学习理论的发展，为有效处理高维输入数据提供了新的途径，基于深度强化学习的交通信号控制方面的研究也越来越多。本小节分别从单智能体深度强化学习和多智能体深度强化学习两方面去介绍它们在交通信号控制中的应用。

### （1）基于单智能体深度强化学习的交通信号控制

利用深度强化学习方法控制交通信号的初步研究是由 Gender 等人[48] 完成的。该项工作使用离散的交通状态编码模型并根据从交通环境中获取的信息形成了一个类图像的状态空间。该状态作为卷积神经网络（convolutional neural networks，CNN）的输入去近似离散动作的 $Q$ 值。仿真实验是在单交叉口模拟环境中进行的，其中四绿灯相位作为动作空间，为了验证 CNN 在该模型上的效果，该实验与使用单层神经网络的 $Q$ 学习方法进行了比较。Saiedeh 等人[49] 使用异步的优势演员-评论家算法（asynchronous advantage actor-critic，A3C）研究了不同的状态表示对交叉口信号控制的影响，并在单交叉口动态交通仿真环境中分别对三种不同的状态定义做了测试。第一种状态定义由每个车道的占用率和平均速度给出。第二种状态定义由每个车道的车辆排队长度和车辆密度给出。第三种状态定义用类图像表示，即用布尔位置信息表示车辆是否存在。实验结果表明，智能体采用不同的状态表示时，对交通延迟时间和车辆队列长度等交通指标几乎没有影响。Wade 等人[50] 最近研究了交通信号控制的异步深度强化学习模型。在异步 $Q$ 学习[51] 中，主要任务被划分到多个处理器，每个处理器分别学习自己的局部最优参数，在每 $n$ 步后更新通用网络的全局参数。与固定时间交通控制器相比，提出的算法降低了近 40％的车辆延迟。Li 等人[52] 提出了一种基于自动编码器的深度强化学习算法，用于解决具有动态交通流的单交叉口信号控制问题。自动编码器将输入的队列长度映射到低维动作集来进行动作选择，利用解码部分输出的瓶颈层对 $Q$ 函数进行逼近。目前，这是文献中唯一使用自动编码器来近似动作值的研究。Mousavi 等人[53] 提出了两种用于控制单交叉口信号的深度强化学习算法，分别是基于值的深度 $Q$ 网络算法（deep Q-network，DQN）和基于策略的演员-评论家算法（actor-critic，AC）。两个智能体的状态都采用连续图像帧，与原始 DQN 的状态完全一致。实验结果表明，基于策略的深度强化学习平滑收敛和收敛后趋势稳定，克服了DQN 算法存在不稳定性的缺点[54]。Shabestary 等人[55] 提出了一种基于 DQN 并采用新的奖励函数的单交叉口自适应交通信号控制方法，文中定义的奖励函数和动作分别是累积延迟的变化和八信号相位，而不是常用的二进制动作集和四信号相位。Choe 等人[56] 提出了一种用于单交叉口信号控制的基于 RNN 的 DQN 模型。实验结果表明，与目前流行的 CNN 相比，基于 RNN 的 DQN 方法降低了车辆行驶时间。Natafgi 等人[57] 提出了另一种基于 DQN 的交通信号控制方法，其所使用的数据来自黎巴嫩的一个真实的具有非均匀交通流的三岔路口，并将仿真结果与在该三岔路口使用定时信号控制器后实际测量的车辆队列长度和时间延迟结果进行了比较，实验结果表明，所提出的算法降低了 19% 的车辆延迟时间。

**（2）基于多智能体深度强化学习的交通信号控制**

Elise 等人[58] 提出了第一个基于多智能体深度强化学习的交通信号控制方法，在该方法中定义了一个新的奖励函数，设计了一个多交叉口信号协同工具。奖励函数的定义是特定交通条件的组合，即事故或拥堵、紧急停车、交通信号变化以及所有车辆的等待时间。同时奖励函数可以在每个特定的交通情况下作出适当的惩罚。为了使处于协同控制中的多个交叉口可以获得较高的车流量，对车流量较小的交叉口采用了交通规划技术，并利用 Max-Plus 协调算法将学习结果与车流量较大的交叉口连接起来。文献［57］中用于比较的标准算法是文献［59］中提出的一种早期的基于协同的强化学习方法。实验结果表明，基于 DQN 的协同方法优于早期的标准方法。类似于文献［58］，Shi 等人[60] 提出了一种针对 2×2 交通网的多智能体深度强化学习算法，该算法利用 Max-Plus 和迁移学习实现全局最优学习。与文献［58］不同的是，文献［59］使用了循环神经网络（recurrent neural network，RNN）而不是 CNN 来逼近 $Q$ 值函数。与 $Q$ 学习和定时控制相比，采用 RNN 结构的深度强化学习方法在车流量较低的场景下能获得更低的平均车辆延迟时间。Liu 等人[61] 提出了一种新的多智能体强化学习算法用于解决多交叉口的信号协同控制问题，该算法中用具有 ResNet 结构的 DQN 去近似状态空间，同时奖励函数可以根据驾驶员的行为以及车辆等待时间来惩罚系统，该算法每经过 $n$ 步就会与其他智能体共享其策略，从而保证智能体之间的协作关系。多个交叉口可以表示为一个网络图，其中道路之间的连接可以形成一个有向图。Nish 等人[62] 提出了一种采用图卷积神经网络（graph convolutional network，GCN）结构的强化学习方法。GCN 与一种称为 $k$ 步 $Q$-迭代[63] 的强化学习算法相结合，在考虑全局状态空间的前提下以分布式的方式更新各交叉口智能体的参数。实验结果表明，与固定时间控制器和标准的基于 CNN 的强化学习智能体相比，基于 GCN 的算法减少了所有六个交叉口的车辆等待时间。Calvo 等人[64] 提出了一种合作的多智能体深度强化学习模型，文献［63］每个交叉口智能体都采用具有优先经验重放的独立双 DQN 模型，为了提高智能体间的合作性能，在经验回放中采用了指纹采样技术，该技术通过贝叶斯推理[65]，利用相邻智能体的策略来估计 $Q$ 值函数。最后利用 SUMO 交通仿真工具，在具有异构多交叉口的环境下对所提出的算法进行了验证。实验结果表明，在多个交通场景下，该算法均优于无经验重放的 DQN 智能体和定时信号控制器。Casas 等人[66] 研究了深度确定性策略梯度算法（deep deterministic policy gradient，DDPG）在城市交通网中的应用，通过对相位持续时间的连续控制，提出了一种基于 DDPG 的深度强化学习算法。该算法保持总相位周期不变，一次性更新所有网络的相位持续时间，以达到使整个网络同步的目的。在这项工作中，通过每个检测器测得的车辆最大速度来计算称为速度分数的特定变量，该变量用于构成状态向量，在不同的交通场景下对所提出的算法进行了仿真实验，实验结果表明，该算法与多智能体 $Q$ 学习相比具有更好的性能。Coskun 等人[67] 将文献［53］中的方法进行了扩展，使基于值的 DQN 和基于策略的优势演员-评论家算法（advantage actor-critic，A2C）用于多个交叉口的信号控制问题中，这两种算法每幕的平均奖励与标准强化学习方法的结果是一致的，其中 DQN 相比 A2C 可以获得更高的平均奖励。

其他基于深度强化学习的交通信号控制问题的工作总结如表 1-2 所示，其中包括了深度强化学习算法、网络结构、仿真环境和用于比较的方法等。

表 1-2　基于深度强化学习的交通信号控制方法总结

| 工作 | 强化学习<br>神经网络结构 | 多智能体 | 状态-<br>DTSE | 场景 | 仿真器 | 结果比较 |
|---|---|---|---|---|---|---|
| Genders<br>等人[48] | DQN-CNN | No | Yes | 单交叉口 | SUMO | DQN-CNN |
| Vander<br>等人[69] | DQN-CNN | Max-plus | Yes | 2×2 交叉口 | SUMO | 基于模型的<br>强化学习 |
| Li 等人[52] | DQN-<br>自动编码 | No | No | 单交叉口 | Paramics | $Q$ 学习 |
| Gao 等人[65] | DQN-CNN | No | Yes | 单交叉口 | SUMO | 定时控制<br>长队列优先 |
| Shi 等人[60] | DQN-RNN | Max-plus | Yes | 2×2 交叉口 | USTCMT2.1 | 定时控制<br>$Q$ 学习 |
| Lin 等人[70] | A2C-CNN | 多 Actor-<br>Critic 学习 | No | 3×3 交叉口 | SUMO | 定时控制 |
| Shabestary<br>等人[55] | DQN-CNN | No | Yes | 单交叉口 | Paramics | 不同的奖励<br>$Q$ 学习 |
| Coşkun<br>等人[67] | DQN-CNN<br>Actor-Critic | 联合学习 | No | 2×2 交叉口 | SUMO | DQN<br>（基于策略） |
| Nishi<br>等人[62] | NFQI-Graph<br>CNN | No | No | 2×2 交叉口 | SUMO | 定时控制<br>DQN-CNN |
| Tan 等人[61] | DDPG | 分级协作 | No | 3×3 交叉口 | SUMO | 定时控制<br>DQN-CNN<br>$Q$ 学习 |

## 1.2.3　基于车联网的交通信号控制技术

车联网技术泛指车辆与车辆（vehicle to vehicle，V2V）、车辆与基础设施（vehicle to infrastructure，V2I）或者互联自动车辆（connected autonomous vehicles，CAV）之间的通信与控制技术。本小节分别从有人驾驶车辆（V2V 或 V2I）和互联自动车辆（CAV）在交通信号控制问题中的应用进行介绍。

### （1）基于 V2V 和 V2I 的交通信号控制

近年来车联网技术被快速应用于多交叉口交通信号控制问题。Goodall 等人[68] 提出了一种基于 V2V 环境下的微观预测仿真算法，该算法主要用于采集通信距离为 300m 以内的互联车辆的速度、位置和行驶方向，接着由微观仿真器预测未来 15s 内的车辆累积延迟时间，用于可能的相位配置。然后，选择延迟时间最小的相位作为下一时段的最优相位，其中还添加了一个约束条件，保证任何相位的红灯时间都不会超过 120s。仿真结果表明，在互联车辆的渗透率大于 25％且交通网处于欠饱和状态时，所提出的算法是有效的。Ding 等人[71] 提出了一种基于 V2I 通信的多模式在线交通信号控制模型，该模型主要由两部分组成：首先，提出了一种利用关键车头时距识别移动队列的队列识别算法；其次，通过一种混合整数线性规划模型来生成基于队列的交通信号配时。该混合整数线性规划模型的目标函数是最小化整个交通网的总延迟。Khoshmagham 等人[72] 提出了一种 V2V 环境下的在线自适应交通信号控制算法用于优化相位序列和相位持续时间。该算法使用两步求解法：第一步确定交叉口的公共周期时间；第二步确定各相位的持续时间和相位序列。Gradinescu 等人[73] 通过 V2I 通信技术收集交叉口周围几英里范围内的车辆信息，然后通过这些数据来估计每个周期中车辆的到达量，然后使用 Webster 公式计算最佳公共周期长度，再根据每条道路饱和度相同的原则为交通信号配时。在该系统中，下一个周期的信号配时是在当前信号的执行期间产生的，并对其进行调整以满足相应的约束条件，如最小和最大周期长度以及最小绿灯时长等。

### （2）基于 CAV 的交通信号控制

Pandit 等[74] 提出了一种基于 CAV 的车辆速度和位置信息实时采集和聚合技术，将交通信号控制问题简化为一种任务调度问题，任务对应于车辆队列。在假设所有任务的工作量相等的条件下，给出了一种最久任务优先算法来最小化交叉口的延迟时间。Xie 等人[75] 提出了一种基于 CAV 的车辆队列自调度算法。首先，基于交通流的非均匀分布特性，利用感知到的交通数据将进入的车辆聚集为关键队列和预测队列，每个交叉口由一个了解相邻交叉口队列信息的自私智能体控制。其次，自调度算法根据当前预测的队列信息和从其他路口进入的车辆的队列信息，在每个决策周期内产生两种可能的动作（即延长或终止当前相位），目的是保持车辆移动，而不是简单地清除队列。实验结果表明，该方法在考虑交叉口容量限制和车流协调性的情况下表现最佳。Feng 等人[72] 提出了一种 CAV 环境下基于动态规划的交通信号控制方法。假设已知车辆的速度和位置，首先将上行道路划分为自由通行、减速和排队三个区域，并估计车辆的状态。基于这些信息，为将来某一信号周期内的每个相位构建一个完整的预测到达表，然后建立两层优化模型，上层通过动态规划生成最小和最大允许队列长度，下层建模为具有两个备选目标的最小化问题（即分别最小化车辆总延迟和队列长度），最终输出最优信号配时和相位序列。该方法在高渗透率下使车辆总延迟减少了 16.33%。Diakaki 等人[76,77] 提出了一种 CAV 环境下的分布式信号协同控制方法，将优化问题从集中式架构重新制定为分散的形式，降低了计算复杂度，使实时控制成为可能，该方法的核心思想是最大化交叉口的车辆吞吐量，同时为车辆队列长度定义了惩罚机制，在给定相邻交叉口信息的情况下，相互协调交叉口间的信号配时，避免陷入局部最优。仿真结果表明，与无队列惩罚机制的信号协调控制方法相比，该方法提高了 11%～15% 的车辆吞吐量，减少了 17%～28% 的车辆行驶时间。CAV 技术出现之后，实现了交通信号控制器与车辆之间以及车辆与车辆之间的实时交互，从而出现了交通信号控制器和车辆的耦合控制[78-82]。Li 等人[83] 提出了一种适用于 CAV 环境下的单交叉口信号控制算法。该方法可以同时优化车辆行驶轨迹和信号配时方案。在仅考虑双相位的前提下，采用枚举法来选择最优的信号配时方案。同时，该方法通过确定第一辆车的行驶轨迹来计算跟随车辆的轨迹，并通过判断车辆是否能在绿灯结束前离开交叉口将车辆分配到不同的信号周期。实验结果表明，与传统的信号控制方法相比，所提出的算法使平均延迟减少了 16.2%～36.9%，车辆的机动性能提高了 12.7%～20.2%。

## 1.2.4 交通信号控制技术的研究现状

最初的交通信号控制以单交叉口定时控制为主，该方法虽然实现了道路的分时利用，缓解了交通拥堵，但是不能根据道路中的动态车流实时调整交叉口的信号配时，导致交通运行效率极低。另外，基于静态模型计算的以增大主干道绿波带宽为目的的多交叉口协同定时控制，虽然克服了单交叉口定时控制的一些弊端，但因为定时控制方法的先天不足，并不能从根本上解决问题。从而随后出现了自适应交通信号控制系统，如 SCATS[84] 和 SCOOT[30] 等。该类系统主要依赖放置于交叉口前的车辆感应线圈来计算车流量，然后根据车流量的大小自动选择提前设定好的配时方案。然而，因为多种原因并不是所有的交叉口前都适合安装车辆感应线圈。更重要的是，车辆感应线圈只有在车辆经过时才会被激活，它们只能提供部分经过车辆的感应信息。在某些交通情况下，工程师们还需要手动更改信号控制系统中的交通信号时序。因此该方法除了不能准确反映道路交通流的实时变化以外，还需要一定程度的人工干预，自适应程度有所不足。

随着车联网技术的出现，车辆与车辆、车辆与基础设施以及互联自动车辆之间的信息交互与共享为智能交通信号控制提供了新的技术支持，但需要注意的是，通过车联网技术获取到的车辆信息仍需要聚集到信号交叉口等基础设施才能实现针对全部车辆的交通信号优化控制。另外，目前的交通信号控制仍多集中于根据交叉口参数和车流信息确定交通信号控制方案，交叉口之间完全独立运行或者只存在预先设定的协同关系并且大多为集中式控制。这种集中式控制方案中需要收集交通网中所有的车流量数据，会导致较高的延迟不利于实时控制，而且一旦中心计算机出现故障，就会导致大规模的交通拥堵，容错能力和可靠性都较差。更重要的是，如果从交通网的角度来看，目前的交通信号控制存在着各交叉口信号相位顺序不合理，相位差配置不合理，存在路网环状结构导致的相位差冲突等问题。因此，为了避免以上缺点，采用半分布式或者完全分布式的控制结构，并对交通网进行系统性建模或者采用某种无模型的自学习控制方法来解决交叉口之间的相位差冲突，合理地控制各交叉口信号配时和相序对提升系统的稳定性和容错能力具有重要意义。此外，在智能载体方面，从原有上端中心信号控制器的智能化到前端交叉口信号控制器的智能化，在实现多交叉口信号协同控制中更具有现实意义。

# 1.3
# 本书主要思路及内容

## 1.3.1 主要思路

① 针对交通网内多交叉口信号协同控制问题，本书首先利用一种半分布式的三层构架对交通网进行区域分割，并根据车流动力学特性建立了一种自适应交通信号协同优化模型，以最小化延迟时间为目标，优化各独立交叉口的绿信比以及相邻交叉口间的相位差。同时，还提出了一种改进的公共周期优化模型，使公共周期长度配置更加合理，提高了信号控制系统的协调性。为了解决交通网中存在的相位差冲突问题，本书提出了一种分级策略，在该策略下实现了相位差的最优配置。其次，根据所建模型的特点提出了一种基于免疫的烟花算法，该算法利用抗体多样性的特点克服了烟花爆炸半径对搜索范围的限制，同时利用免疫细胞间的交流机制克服了烟花之间缺乏有效交互的问题，不仅加快了算法的收敛速度，还避免了陷入局部最优，提高了算法的全局搜索能力和求解精度。实验分析证明，提出的模型和算法在解决多交叉口信号协同控制和相位冲突问题时具有一定的优势。

② 针对基于车流动力学建模的交通信号协同优化模型精确度较高但迁移能力稍弱的问题，本书提出了一种基于深度强化学习的单智能体交通信号控制方法，这是一种无模型的自学习控制方法，其特点是不受交通建模准确度的影响，从车辆与交叉口信号控制器的不断交互

中学习到最优控制策略，而且当交通环境有较大改变时可以重新学习新的控制策略，迁移能力较好。在该方法中，首次在考虑交叉口有行人穿越干扰的情况下定义了动作空间，并从三个不同的角度定义了三种奖励函数，用于验证奖励函数对交通性能的影响。为了克服现有传感器针对所有车辆进行检测、存储和提取信息的不可行性，还提出了一种累积延迟近似方法。在深度强化学习算法方面，提出了一种基于动态权重的 Soft Actor-Critic 算法，当智能体采取的动作明显有助于系统性能的提高时增强更新范围，否则削弱更新范围，显著地提高了传统 Soft Actor-Critic 算法的收敛效率和收敛性能。实验分析证明，提出的状态空间、奖励函数以及累积延迟近似模型和新的深度强化学习算法在降低车辆延迟时间、减少车辆停车次数以及减少车辆队列长度等方面是有效的。

③ 针对基于多智能体深度强化学习的多交叉口信号协同控制问题中难以获得全局最优配时、动作空间易出现维度灾难以及算法中易出现 $Q$ 值过估计等问题，本书提出了一种完全分布的、可扩展的多智能体深度强化学习算法，叫作合作的基于指数加权移动平均的动态延迟更新双延迟深度确定性策略梯度算法。该算法采用的动态延迟更新策略是用 Critic 网络的损失函数的指数加权移动平均值来动态调整 Actor 网络的延迟更新步长，改善了传统双延迟深度确定性策略梯度算法尚未完全解决的 $Q$ 值过估计问题。为了使交通网内多个智能体能学习到更好的合作策略，引入平均场理论将多个智能体的交互近似地视为单个智能体和一个由其他智能体平均产生的虚拟智能体之间的交互，在环境中所有智能体之间隐式地传递动作信息，而且平均场理论的引入大幅降低了联合动作空间的维度，避免了维度灾难的发生。为了使智能体的学习过程更加全面和鲁棒，还提出了一种新的联合奖励分配机制和状态共享机制。实验分析证明，提出的算法相比目前主流的多智能体深度强化学习算法有更好的性能。

## 1.3.2　主要内容

本书主要围绕单交叉口的自适应信号控制和多交叉口的自适应信

号协同控制展开研究，主要从三个方面进行了介绍：①采用半分布式的基于车流动力学建模的多交叉口信号控制问题；②基于深度强化学习的单智能体交通信号控制问题；③采用完全分布式的基于深度强化学习的多智能体交通信号控制问题。结合问题的特征和性能指标，分别建立了每个问题对应的模型，并设计了相关算法。全书内容安排如下。

第1章，绪论。首先介绍了当前交通拥堵带来的社会问题、环境问题和安全问题。其次介绍了智能交通的发展与应用等研究背景以及待研究问题的意义。之后从三个方面介绍了与本书内容相关的国内外研究现状并针对研究现状做了讨论。最后介绍了本书的主要内容和章节安排。

第2章，基础知识。首先介绍进化计算方法的一般框架和特点。其次介绍单智能体和多智能体深度强化学习的基础理论和常用算法。最后，介绍平均场多智能体深度强化学习的原理和算法。

第3章，基于车流动力学的交通信号控制问题建模及优化算法。针对多交叉口交通信号控制问题，首先利用一种半分布式的三层构架对交通网进行区域分割，把整个交通网分解为十几个到几十个不等的区域交通网，并根据车流动力学特性建立了一种自适应交通信号协同优化模型，以最小化车流延迟时间为目标，优化各独立交叉口的绿信比以及它们之间相位差。同时，提出了一种改进的公共周期模型，使公共周期长度配置更加合理，提高了信号控制系统的协调性。其次，为了解决交通网内各交叉口之间的相位差冲突问题，提出了一种分级策略，据此对各交叉口的优先级进行划分，从而实现了相位差的最优配置。最后，根据所建模型的特点提出了一种基于免疫的烟花算法来求解该模型，实验结果证明本书提出的模型和算法在解决多交叉口信号协同控制问题和相位差冲突问题时具有一定的优势。

第4章，基于深度强化学习的单智能体交通信号控制。针对第3章中基于车流动力学建模的交通模型精确度较高但迁移能力稍弱的问题，提出了一种基于单智能体深度强化学习的单交叉口信号控制方法，这是一种无模型的自学习控制方法，其特点是不受交通建模准确度的影响，能在车辆与交叉口信号控制器的不断交互中学习到最优控制策略，而且针对不同的交通环境可以重新学习新的控制策略，迁移能力较好。

在该方法中，首次在考虑交叉口有行人穿越干扰的条件下定义了动作空间。为了验证奖励函数对交通性能的影响，从三个不同的角度定义了三种奖励函数，为了克服现有传感器针对所有车辆都进行检测的不可行性，还提出了一种累积延迟近似方法。在深度强化学习算法方面，提出了一种基于动态权重的 Soft Actor-Critic 算法。实验结果证明本书提出的模型和算法在降低车辆延迟时间、减少车辆停车次数以及减少车辆队列长度等方面是有意义的。

第 5 章，基于深度强化学习的多智能体交通信号控制。如果把第 4 章中的单智能体深度强化学习算法用于多交叉口的交通信号控制问题，不仅计算量大计算复杂度高，很难满足实时性要求，而且随着智能体数量的增加，智能体的联合动作空间呈指数增长，会导致维度灾难的发生，使其很难学习到最优联合策略。针对基于深度强化学习的多交叉口信号控制问题中难以获得全局最优配时、动作空间易出现维度灾难以及算法中易出现 $Q$ 值过估计等问题，提出了一种完全分布的、可扩展的多智能体深度强化学习算法，叫作合作的基于指数加权移动平均的动态延迟更新双延迟深度确定性策略梯度算法。该算法采用的动态延迟更新策略是用 Critic 网络的损失函数的指数加权移动平均值来动态调整 Actor 网络的延迟更新步长，改善了传统的双延迟深度确定性策略梯度算法尚未完全解决的 $Q$ 值过估计问题。为了使交通网内多个智能体能学习到更好的合作策略，引入平均场理论将多个智能体的交互近似地视为单个智能体和一个由其他智能体平均产生的虚拟智能体之间的交互，在环境中所有智能体之间隐式地传递动作信息，而且平均场理论的引入大幅降低了联合动作空间的维度，避免了维度灾难的发生。为了使智能体的学习过程更加全面和鲁棒，提出了一种新的联合奖励分配机制和状态共享机制。实验结果证明，本书提出的算法相比目前主流的多智能深度强化学习算法有更好的性能。

第 6 章，总结与展望。对本书的内容做了总结，并结合相关技术的最新研究进展，对本书的后续相关工作做了展望。

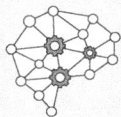

第2章

# 基础知识

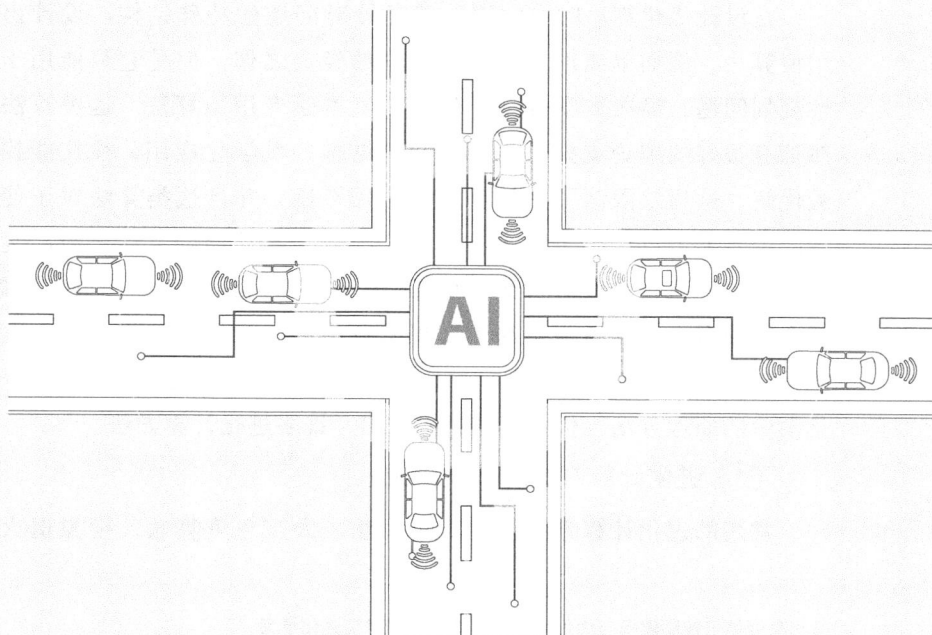

本章主要涉及进化计算和强化学习方法，下面将围绕进化计算、强化学习、单智能体和多智能体深度强化学习的主要基础知识进行简要介绍。

# 2.1
# 进化计算方法概述

面对形形色色的优化问题，人们已经提出了大量的优化算法。优化算法可分为精确算法和近似算法。精确算法以找到问题最优解为目标。典型的精确算法包括动态规划、分支定界算法、割平面法等。近似算法不能保证得到最优解，通常以得到问题的满意解为目标。近似算法有逼近算法和启发式算法。逼近算法能够给出所得到的解质量估计以及运行时间的界。启发算法能找到大规模算例的好解，它能以可以接受的计算开销得到可以接受的解，但是不能得到解的质量估计。启发算法可分为专门的启发算法和进化计算方法。专门的启发算法是针对某一个问题设计的启发式算法，而进化计算方法能应用于几乎所有的优化问题[85]。

在设计优化算法时，常用思路是针对问题的特殊结构，设计出专用型算法。例如单纯形算法是运筹学的经典之作，但是它只能用于线性规划问题。经典数学规划中的算法基本是专用型算法。这类算法一般都有很好的理论支撑，强调对问题结构的数学化应用，往往能找到最优解。这当然限制了这类算法的应用范围，并且这类算法对于使用者的编程能力也提出了很高的要求。随着人类社会的发展，新的复杂问题层出不穷，许多问题要求人们在较短的时间内得到一个满意的解，因此迫切需要通用性强且易于实现的算法。这些困境促使人们探索新的优化方法。同时，随着科学技术的发展，人们将生物学、物理学、化学中的原理方法与优化相结合，提出了许多进化计算方法。

### （1）进化计算方法的一般框架

常用的进化计算方法包括遗传算法、人工免疫算法、模拟退火算法、禁忌搜索算法、粒子群算法、蚁群算法和人工蜂群算法等。本章将从人工智能的视角，提出进化计算方法的一般框架。人工智能的工程目标是设计制造出智能产品，替代人解决问题或完成任务。在解决问题时，需要用到知识。所谓知识，是可用于解决该问题的领域信息。为了有效解决问题，可以从以下三个方面着手：

① 知识表示：将知识表示成能用计算机处理的符号；

② 知识发现与学习：从经验中不断地自动获取知识；

③ 知识推理与应用：利用知识产生行为。

一般而言，进化计算方法是一种基于采样的迭代过程。在求解问题时，进化计算方法将该问题进行编码。在每一代，它主要包括产生解和信息加工两个过程。产生解过程对应于知识推理与应用过程，而信息加工过程对应于知识发现与学习过程。例如经典遗传算法选择两个个体的染色体进行重组得到解，其信息加工机制是种群更新机制。在遗传算法中，知识利用染色体进行编码表示。因此，进化计算方法符合人工智能解决问题的一般范式。

**（2）进化计算方法的分类**

目前，已有数十种进化计算方法。常见的分类准则有以下几种。

① 种群 vs 单点：单点法在搜索过程中仅对一个解进行操作和变换；而基于种群的算法对一个种群进行演化。

② 记忆的作用：有些进化计算方法是无记忆的，即在搜索过程中，没有利用动态提取的信息，例如模拟退火算法；而有些进化计算方法是有记忆的，它们利用在线学习的信息，如禁忌搜索的长期和短期记忆。

③ 构造型 vs 非构造型算法：是否通过构造过程得到解。

④ 确定型 vs 随机型：在求解问题过程中，确定性的进化计算采用确定型决策。而在随机进化计算方法中，采用了许多随机规则。在确定型算法中，如果初始解给定，则输出解是确定的。而在随机型算法中，即使给定初始解，最终得到的解也可能是不同的。

**（3）进化计算方法的特点**

与传统优化方法相比，进化计算方法一般具有以下特点：

① 自适应性强。对待求解的优化问题没有过多的要求，一般不要求满足可微性、凸性等条件，在迭代过程中，一般只用到目标函数值等信息，不必用到目标函数的导数等问题信息。这使得进化计算方法具有很强的通用性。

② 优良的全局寻优能力。它们在解空间进行全局搜索，按照一定的机制指导搜索，算法具有很好的鲁棒性，对初始条件不敏感，具有很强的容差能力。

③ 易于实现。进化计算方法原理简单，一般不需要数学推导。

# 2.2
# 强化学习概述

强化学习是机器学习领域的一类学习问题，它与常见的有监督学习、无监督学习等的最大不同之处在于，它是通过与环境之间的交互和反馈来学习的。强化学习的基本模型是智能体与环境之间的交互，智能体是能够采取一系列行动并且期望获得较高奖励或者达到某一目标的部分，而与此相关的另外的部分都统一称作环境。智能体采取一定的动作并施加在环境中，环境在接受到个体的动作之后，会反馈给智能体环境目前的状态以及由于上一个动作而产生的奖励，通过这样反复的交互最后找到处理问题的最优策略。

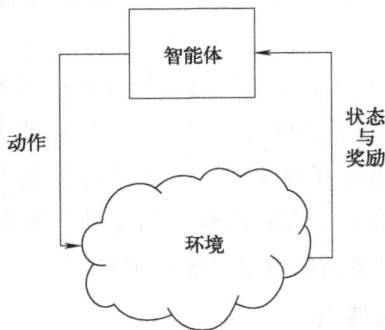

图 2-1　强化学习中智能体与环境的交互

## （1）强化学习的基本要素

如图 2-1 所示，给出了智能体与环境交互过程，智能体对环境施加动作，环境给出状态和奖励反馈。强化学习问题中有如下要素[86]。

任务：对应一个目标，视目标完成情况不同，奖励也会不同。在交通信号控制问题中，任务是找到最优的交通信号配时方案，奖励可以是因交通信号配时引起的交通延迟。

智能体：也叫学习者或决策者，它能感知环境，也能对环境施加动作。在交通信号控制问题中，交叉口信号控制器是智能体。

环境：它指除智能体以外的实体。在交通信号控制问题中，环境包括各车道上的车辆以及其他智能体。

状态：某一时刻智能体感知的信息。所有状态构成状态空间。在交通信号控制问题中状态可以是各行驶方向上排队车辆的数量、当前的信号灯的相位以及信号灯经过的时间。

动作：智能体可以执行的操作。每个状态下的动作构成当前状态下的动作空间。在交通信号控制问题中动作是各相位的信号配时。

奖励：是在一定状态下环境回馈给智能体的即时信号，它评估动作好坏。智能体的目标是最大化完成一个任务的奖励。

策略：用以确定一个状态下智能体的动作。记 $S$ 是状态集，$A$ 是动作集，从状态集到策略集的映射表示为 $\pi: S \longrightarrow A$。

模型：问题的相关信息，包括状态集合、动作集合以及状态转移等要素构成的集合。在有些问题中模型是已知，而有些问题中模型是部分已知或未知的。

智能体与环境交互过程中，需要考虑两个问题：

预测：即策略评估。定义状态值函数 $V: S \longrightarrow \mathbb{R}$ 和 $Q$ 值函数 $Q: S \times A \longrightarrow \mathbb{R}$，它们分别表示一个状态或者一个状态-动作对的评估值。预测就是在当前策略下计算状态值函数或 $Q$ 值函数。

控制：即求解最优策略。一个强化学习问题中，所有可能的策略组成策略集。最优策略是所有策略中最好的，它对应的奖励是最大的。

## （2）马尔可夫决策过程

马尔可夫决策过程（Markov decision process，MDP）是一类随机序贯决策过程。决策者（智能体）在动态系统（环境）中连续控制变化的过程叫做序贯决策过程[87]。假设智能体在某个时间点观察周围环境，然后根据当前环境的状态采取适当的行动。智能体的观测值可能直接来自传感器的测量值或者被预处理之后的测量值，该观测值被称为状态。智能体采取的所有动作都是基于环境状态的，当智能体采取某个动作之后，环境的状态也随之改变，并且此时智能体会获得一个即时奖励，用来评估采取的动作对环境产生的影响。在随机序贯决策过程中，随机性和智能体采取的动作共同影响环境产生下一时刻的状态，此时的智能体不能绝对控制系统。智能体的目标是通过一个策略采取一系列的动作来优化系统的性能。策略是从状态到动作的映射，即在给定的状态下，智能体应该采取什么动作。在序贯决策过程中，每个智能体的行为都会影响系统的未来动态，因此智能体在当前状态下采取行动时必须考虑对未来的影响。

由于这些过程具有随机性，如果智能体在任意给定的状态下采取特定的动作，则不能确定系统的下一个状态是什么。但是，进入某一状态的转移概率可以表示为

$$p(S^{t+1}=s^{t+1} \mid S^0=s^0, A^0=a^0, S^1=s^1, A^1=a^1, \cdots, S^k=s^k, A^k=a^k)$$

$$(2\text{-}1)$$

式中，$S^k$ 和 $A^k$ 是随机变量，分别代表时刻 $k$ 时的环境状态和智能体的动作；$s^k$ 和 $a^k$ 分别代表时刻 $k$ 时系统的实际状态和智能体的动作。根据该式可知，假设系统的初始状态是 $s^0$，并且智能体在时间步 0 采取了动作 $a^0$，则系统在时间步 1 转移到状态 $s^1$ 的概率为 $p(S^1)$。此时，系统的新状态变为 $s^1$，智能体随后采取动作 $a^1$，以此类推，直到系统在时间步 $t$ 的状态为 $s^k$，智能体采取行动为 $a^k$。每个时间步下系统的状态和行动都非常重要，在一个连续的决策过程中，每个时间步的动作都对系统的未来状态有影响。

在这个过程中，智能体根据其策略映射的动作概率分布选择动作，该策略定义为：$\pi^k(A^k=a^k \mid S^k=s^k)$，该式表明，在当前状态 $s^k$ 下，智能体在时间步 $k$ 选择动作 $a^k$。如果在任何给定的状态下，智能体的策略是以 100％ 的概率选择一个动作，则该策略是确定性的。当智能体没有足够的信息或经验从动作空间中选择一个特定的动作时，选择具有概率分布的策略是合理的。

在序贯决策过程中，智能体的目的是优化其长期奖励（即一段时间内获得的总奖励），而不是优化其在每个时间步内获得的即时奖励

$R^k \in \mathbb{R}$。通常情况下，智能体会尝试优化期望奖励，在最简单的情况下可以表示为

$$G^k = R^{k+1} + R^{k+2} + R^{k+3} + \cdots + R^T \qquad (2\text{-}2)$$

式中，$T$ 是指最终时间步或最终状态。在许多情况下，例如在连续任务问题中最终状态是不存在的，$T$ 取值为无限大，因此奖励也可能是无限的。为了避免出现这个问题，可以引入折扣因子来使智能体的任务变为如何优化其获得的折扣奖励的总和，可以表示为

$$G^k = R^{k+1} + \gamma R^{k+2} + \gamma^2 R^{k+3} + \cdots + \gamma^h R^{k+h+1} = \sum_{h=0}^{\infty} \gamma^h R^{k+h+1}$$

$$(2\text{-}3)$$

式中，$\gamma$ 是折扣因子，$0 \leqslant \gamma \leqslant 1$。很明显，只要奖励序列 $\{R^k\}$ 是有界的，折扣奖励就是一个有限值。由于环境具有随机性，因此近期奖励比远期奖励更重要，因此式（2-3）中折扣因子的设置是合理的。

根据式（2-1），可以将状态转移和奖励的联合概率分布表示为

$$p(R^{k+1} = r^{k+1}, S^{k+1} = s^{k+1} \mid S^0 = s^0, A^0 = a^0, S^1 = s^1,$$
$$A^1 = a^1, \cdots, S^k = s^k, A^k = a^k) \qquad (2\text{-}4)$$

正如前面提到的，马尔可夫决策过程是一类随机序贯决策过程。如果一个过程是马尔可夫的，则需要满足如下条件：

$$p(s^{k+1} = s^{k+1} \mid S^k = s^k, A^k = a^k) = p(s^{k+1} = s^{k+1} \mid S^0 = s^0,$$
$$A^0 = a^0, S^1 = s^1, A^1 = a^1, \cdots, S^k = s^k, A^k = a^k) \qquad (2\text{-}5)$$

这意味着在 MDP 中，转移概率函数中历史状态和动作并不重要，因为转移概率是最近状态和动作的函数。换句话说，系统的最后状态包括历史状态和动作的所有必要信息，这足以预测系统的下一个状态。

### （3）最优策略

在序贯决策过程中，目标是为智能体确定一个策略，随着时间的推移智能体能根据该策略优化某些性能指标。这个问题属于最优控制理论的范畴，其目标是找到智能体的最优策略 $\pi^*(s, a)$，使期望奖励最大化。通过引入了价值函数来表征从当前状态出发智能体所获得的期望奖励。对某个状态而言，其价值函数值越大，期望奖励就越大。

价值函数不仅由状态决定，还取决于智能体所采取的策略 $\pi(s,a)$，即在给定的状态下选择某个动作的概率。对于 MDP，在策略 $\pi$ 下，从当前状态 $s$ 出发的估计期望奖励 $V_\pi(s)$ 表示为

$$V_\pi(s) = E_\pi[G^k \mid S^k = s] = E_\pi\Big[\sum_{h=0}^{\infty} \gamma^h R^{k+h+1} \mid S^t = s\Big] \quad (2\text{-}6)$$

式中，$E_\pi[\cdot]$ 是智能体在策略 $\pi$ 下的期望；$V_\pi$ 是智能体在策略 $\pi$ 下的状态值函数。

对所有状态来说，如果策略 $\pi$ 的期望奖励大于或等于任意一个策略 $\pi'$ 的期望奖励，即 $\pi \geqslant \pi' \Leftrightarrow V_\pi(s) \geqslant V_{\pi'}(s)$；$\forall s \in S$，则策略 $\pi$ 定义为最优策略 $\pi^*$，状态值函数 $V$ 定义为最优状态值函数 $V^*$，其可以表示为

$$V^*(s) = \max_\pi v_\pi(s); \ \forall s \in S \quad (2\text{-}7)$$

因此最优控制的目标是找到最优策略 $\pi^*$。

（4）动态规划

如果给定一个可看作 MDP 的理想模型，则寻找最优策略的一种方法是动态规划。其核心思想是使用价值函数来评估策略并找到最佳策略。在动态规划中扩展式（2-6）可得：

$$V_\pi(s) = E_\pi[G^k \mid S^k = s] = E_\pi\big[\sum_{h=0}^{\infty} \gamma^h R^{k+h+1} \mid S^k = s\big] \quad (2\text{-}8)$$
$$= E_\pi\big[R^{k+1} + \gamma \sum_{h=0}^{\infty} \gamma^h R^{k-h+2} \mid S^k = s\big]$$

在 $k$ 时刻智能体从当前状态 $s$ 出发并执行动作 $a$，则该智能体在 $k+1$ 的状态为 $s'$，获得的奖励可以表示为

$$E_\pi[R^{k+1}] = \sum_a \pi(a \mid s) \sum_{s'} p(s' \mid s,a)[r(s,a,s')] \quad (2\text{-}9)$$

因此，状态值函数 $V_\pi$ 可以改写为

$$V_\pi(s) = \sum_a \pi(s \mid a) \sum_{s'} p(s' \mid s,a)\{r(s,a,s') +$$
$$\gamma E_\pi\big[\sum_{h=0}^{\infty} \gamma^h R^{k+1+h+1} \mid S^{k+1} = s'\big]\}$$
$$= \sum_a \pi(s \mid a) \sum_{s'} p(s' \mid s,a)[r(s,a,s') + \gamma V_\pi(s')]$$

$$(2\text{-}10)$$

该函数是状态值函数 $V_\pi(s)$ 的递归形式，称为 $V_\pi(s)$ 的贝尔曼方

程。贝尔曼方程为特定的策略提供了唯一的状态值函数。为了找到最优的状态值函数，定义了状态-动作对值函数 $Q_\pi(s,a)$，它表示从状态 $s$ 出发，在策略 $\pi$ 下执行动作 $a$ 后所获得的期望奖励。

类似于最优状态值函数，最优状态-动作对值函数可以表示为

$$Q^*(s,a) = \max_\pi Q_\pi(s,a); \ \forall s \in S \ \text{and} \ \forall a \in A(s) \quad (2\text{-}11)$$

之后将该式扩展为如下形式：

$$Q^*(s,a) = E[R^{k+1} + \gamma V^*(S^{k+1}) | S^k = s, A^k = a] \quad (2\text{-}12)$$

如前所述，$V_\pi^*(s)$ 是最优状态值函数，然而 $V_\pi^*(s)$ 可以改写为不依赖具体策略的形式。如果一个智能体根据最优策略选择动作，则其在任何给定的状态下都将优先选择状态-动作值最大的动作，则最优策略下的状态值必须等于在该特定状态下的最优状态-动作值，其可以表示为

$$
\begin{aligned}
V^*(s) &= \max_{a \in A(s)} Q_{\pi^*}(s,a) = \max_a E_{\pi^*}[G^k | S^k = s, A^k = a] \\
&= \max_a E_{\pi^*}\left[\sum_{h=0}^\infty \gamma^h R^{k+h+1} | k = s, A^k = a\right] \\
&= \max_a E_{\pi^*}\left[R^{k+1} + \gamma \sum_{h=0}^\infty \gamma^h R^{k+h+2} | S^k = s, A^k = a\right] \\
&= \max_a E[R^{k+1} + \gamma V^*(S^{k+1}) | S^k = s, A^k = a] \\
&= \max_{a \in A(s)} \sum_{s'} p(s'|s,a)[r(s,a,s') + \gamma V^*(s')]
\end{aligned}
$$

$$(2\text{-}13)$$

式（2-13）称为 $V^*(s)$ 的与策略无关的贝尔曼最优方程。需要注意的是，贝尔曼最优方程实际是一个方程组，其中每个状态分别对应一个方程。如果动态环境给出 $r(s,a,s')$ 和 $p(s'|s,a)$，则可根据该方程组求解 $V^*(s)$，从而找到最优策略。

为了求解该贝尔曼最优方程，理想的环境模型是把问题建模为马尔可夫决策过程的必要条件，求解这个方程的方法被称为动态规划。但是，由于计算复杂性较高，用动态规划算法求解该模型并不是很实用。当前广泛使用的两种动态规划算法分别是策略迭代和值迭代。然而，这些方法过于复杂，无法按时间步长进行实时计算[88]。

**（5）强化学习算法**

与动态规划不同，强化学习算法不需要假设环境的完整模型，而

是通过与环境进行简单交互来估计价值函数和最优策略，以较低的计算复杂度实现了与动态规划相似的性能。下面介绍几种常用的强化学习算法。

① SARSA 算法。在 SARSA 算法[89] 中，下一个状态的估计值是基于智能体与环境的交互直接计算的。SARSA 一词分别代表 State $(s^k)$、Action$(a^k)$、Reward$(r^{k+1})$、State$(s^{k+1})$、Action$(a^{k+1})$。在该方法中，每个状态值的计算如下：

$$V^k(s) = \sum_a p(a \mid s) \cdot Q(s,a) \tag{2-14}$$

假设在每个状态下智能体都与环境有足够的交互，并根据其策略 $[a \sim p(a \mid s)]$ 选择动作，可以表示为

$$V^k(s) = E_{a \sim p(a \mid S)}[Q(s,a)] \tag{2-15}$$

SARSA 算法是一种在线策略的时序差分方法，仅根据其策略更新 $Q$ 表，其伪代码如算法 2-1 所示。

---

算法 2-1　SARSA 算法

**Input**：初始 $Q$ 值，步长 $\alpha \in (0,1]$，很小的 $\varepsilon,\varepsilon > 0$
**Output**：更新后的 $Q$ 值

1　对所有 $s \in \mathcal{S}^+, a \in \mathcal{A}(s)$，任意初始化 $Q(s,a)$，其中 $Q$(终止状态,·)$=0$
2　对每幕循环：
3　初始化 $S$
4　使用从 $Q$ 得到的策略（例如 $\varepsilon$-贪心），在 $S$ 处选择 $A$
5　对幕中的每一步循环：
6　执行动作 $A$，观察到 $R,S'$
7　使用从 $Q$ 得到的策略（例如 $\varepsilon$-贪心），在 $S'$ 处选择 $A'$
8　$Q(S,A) \leftarrow Q(S,A) + \alpha[R + \gamma Q(S',A') - Q(S,A)]$
9　$S \leftarrow S'; A \leftarrow A'$
10　直到 $S$ 是终止状态

---

② $Q$ 学习算法。在 $Q$ 学习中，下一个时间步的状态值估计是基于贪婪策略的，该策略是以最大奖励为准则来选择动作的[90]，其可以表示为

$$a^{k+1} = \arg \max_{a \in A(s^{k+1})} Q(s^{k+1},a) \tag{2-16}$$

$Q$ 学习算法是一种离线策略算法，因为 $Q$ 值的更新是基于另一种策略（贪婪策略）而不是智能体的当前策略。其伪代码如算法 2-2 所示。

算法 2-2　$Q$ 学习算法

  **Input**：初始 $Q$ 值，步长 $\alpha\in(0,1]$，很小的 $\varepsilon,\varepsilon>0$
  **Output**：更新后的 $Q$ 值
**1** 对所有 $s\in\mathcal{S}^+,a\in\mathcal{A}(s)$，任意初始化 $Q(s,a)$，其中 $Q($终止状态，·$)=0$
**2** 对每幕：
**3** 初始化 $S$
**4** 对幕中的每一步循环：
**5** 使用从 $Q$ 得到的策略（例如 $\varepsilon$-贪心），在 $S$ 处选择 $A$
**6** 执行 $A$，观察到 $R,S'$
**7** $Q(S,A)\leftarrow Q(S,A)+\alpha[R+\gamma\max_a Q(S',a)-Q(S,A)]$
**8** $S\leftarrow S'$
**9** 直到 $S$ 是终止状态

  ③ 双 $Q$ 学习算法。如果把采取的样本划分为两个集合，并用它们学习两个独立的对真实价值 $Q(s)$，$\forall s\in S$，$\forall a\in A$ 的估计 $Q_1(a)$ 和 $Q_2(a)$，那么可以用其中一个估计，比如 $Q_1(a)$ 来确定最大的动作 $A^*=\arg\max_a Q_1(a)$，再用另一个 $Q_2$ 来计算其价值估计 $Q_2(A^*)=Q_2[\mathrm{argmax}_a Q_1(a)]$。由于 $\mathbb{E}[Q_2(A^*)]=Q(A^*)$，因此这个估计是无偏的。另外也可以交换两个估计 $Q_1(a)$ 和 $Q_2(a)$ 的角色再执行一遍上述过程，则又可以得到另外一个无偏估计 $Q_1[\mathrm{argmax}_a Q_2(a)]$。这就是双 $Q$ 学习的思想，其伪代码如算法 2-3 所示。

算法 2-3　双 $Q$ 学习算法

  **Input**：初始 $Q$ 值，步长 $\alpha\in(0,1]$，很小的 $\varepsilon,\varepsilon>0$
  **Output**：更新后的 $Q$ 值
**1** 对所有 $s\in\mathcal{S}^+,a\in\mathcal{A}(s)$，初始化 $Q_1(s,a)$ 和 $Q_2(s,a)$，其中 $Q($终止状态，·$)=0$
**2** 对每幕循环：
**3** 初始化 $S$
**4** 对幕中的每一步循环：
**5** 基于 $Q_1+Q_2$，使用 $\varepsilon$-贪心策略在 $S$ 中选择 $A$
**6** 执行动作 $A$，观察到 $R$，$S'$
**7** 以 0.5 的概率执行：
**8** $Q_1(S,A)\leftarrow Q_1(S,A)+\alpha(R+\gamma Q_2(S',\mathrm{argmax}_a Q_1(S',a))-Q_1(S,A))$
**9** 或者执行：
**10** $Q_2(S,A)\leftarrow Q_2(S,A)+\alpha(R+\gamma Q_1(S',\mathrm{argmax}_a Q_2(S',a))-Q_2(S,A))$
**11** $S\leftarrow S'$
**12** 直达 $S$ 是终止状态

# 2.3
# 单智能体深度强化学习

深度强化学习，顾名思义，是深度学习[91-93]和强化学习[88]相结合的产物。它是强化学习的一种特殊类型，其用深度神经网络来表示状态以及作为价值函数 $V(s;\theta)$、$Q$ 值函数 $Q(s,a;\theta)$、策略 $\pi(a\mid s;\theta)$ 和模型（状态转移函数和奖励函数）的函数逼近器，这里的参数 $\theta$ 是深度神经网络中的权重。深度强化学习中通常利用随机梯度下降来更新权重参数。当离线策略、函数逼近器特别是非线性函数逼近器与拔靴法结合在一起时，可能会出现不稳定和发散的情况[94]。但最近的工作如深度 $Q$ 网络稳定了学习过程且取得了突出的效果。在非线性函数逼近器的收敛性证明方面，许多研究者如 Dai 等人[95]、Nachum 等人[96] 也做了许多工作。目前主流的深度强化学习算法包括深度 $Q$ 网络（deep $Q$ network，DQN）及深度确定性策略梯度（deep deterministic policy gradient，DDPG）等。

## （1）深度 Q 网络

Mnih 等人[54] 提出的 DQN 开启了深度强化学习领域。早期的工作是将神经网络与强化学习相结合[63,97]。众所周知，在 DQN 出现之前，当用神经网络作为非线性函数逼近器逼近 $Q$ 值函数时，强化学习是不稳定的，甚至是发散的。DQN 中使用经验回放[98]和目标网络解决了不稳定问题。在经验回放中，元组 $\langle s_t,a_t,r_t,s_{t+1}\rangle$ 被随机采样并存储在回放缓存中，随机采样是为了消除数据中的相关性。目标网络用于保持其单独的网络参数，并且仅周期性地更新它们，以减少 $Q$ 值和目标值 $r+\gamma\max_{a'}Q(s',a')$ 之间的相关性。在第 $i$ 次迭代中用于更新网络参数的损失函数可以表示为

$$L_i(\theta_i)=\mathrm{E}_{(s,a,r,s')\sim U(D)}\{[r+\gamma\max_{a'}Q(s',a';\theta_i^-)-Q(s,a;\theta_i)]^2\}$$

$$(2-17)$$

式中，$\gamma$ 是折扣因子；$\theta_i$ 是第 $i$ 次迭代时 $Q$ 网络的参数；$\theta_i^-$ 是第 $i$ 次

迭代时目标网络的参数。目标网络参数 $\theta_i^-$ 定期更新，同时其在定期更新期间是保持不变的。DQN 的伪代码如算法 2-4 所示。

---

**算法 2-4　DQN 算法**

---

**Input**：初始参数 $\theta$

**Output**：训练后的参数 $\theta$

1　初始化经验缓存 $D$

2　用随机权重 $\theta$ 初始化 $Q$ 值函数

3　令 $\theta^- = \theta$，初始化 $\hat{Q}$ 值函数

4　**for**　幕＝1 到 $M$ **do**

5　　**for** $t = 1$ 到 $T$ **do**

6　　　根据 $\varepsilon$-贪婪策略选择动作 $a_t = \begin{cases} \text{一个随机动作，以既率 } \varepsilon \\ \arg\max_a Q(\phi(s_t), a; \theta)，\text{其他} \end{cases}$

7　　　在模拟器中执行动作 $a_i$ 并观察奖励 $r_t$ 和下一个状态 $s_{t+1}$

8　　　设置 $s_{t+1} = s_t, a_t$

9　　　在 $D$ 中存储 $\langle s_t, a_t, r_t, s_{t+1} \rangle$

10　　　从缓存 $D$ 中随机小批量采样 $\langle s_j, a_j, r_j, s_{j+1} \rangle$

11　　　设置 $y_j = \begin{cases} r_j，\text{幕在 } j+1 \text{ 步停止} \\ r_j + \gamma \max_{a'} \hat{Q}(s_{j+1}, a'; \theta^-)，\text{其他} \end{cases}$

12　　　对 $(y_j - Q(s_j, a_j; \theta))^2$ 执行梯度下降法

13　　　每隔 $C$ 步，重置 $\hat{Q} = Q$，即设置 $\theta^- = \theta$

14　　**end**

15 **end**

---

### （2）深度确定性策略梯度

DDPG 是从策略梯度（policy gradient，PG）开始，中间经过确定性策略梯度（deterministic policy gradient，DPG）后发展到了 DDPG，与 DQN 算法相比，DDPG 算法能适用于具有连续动作空间的问题，比 DQN 的使用范围更广泛。DDPG 结合了经典的演员-评论家（actor-critic，AC）算法和 DPG，该算法的伪代码如算法 2-5 所示。

---

**算法 2-5　DDPG 算法**

---

**Input**：初始参数 $\theta^Q, \theta^\pi$

**Output**：训练后的参数 $\theta^Q, \theta^\pi$

1　初始化 Critic 网络 $Q(s, a | \theta^Q)$ 和 Actor 网络 $\pi(s | \theta^\pi)$ 的权重 $\theta^Q$ 和 $\theta^\pi$

2　初始化目标网络 $Q'$ 和 $\pi'$ 的权重 $\theta^{Q'} \leftarrow \theta^Q$ 和 $\theta^{\pi'} \leftarrow \theta^\pi$

3　初始化经验回放缓存 $R$

**4**  **for** 幕＝1 到 $M$ **do**

**5**     初始化随机进程 $\mathcal{N}$ 进行动作探索

**6**     获得初始观察状态 $s_1$

**7**     **for** $t=1$ 到 $T$ **do**

**8**         选择动作 $a_t = \pi(s_t | \theta^\pi) + \mathcal{N}_t$

**9**         执行动作 $a_t$ 并观察到奖励 $r_t$ 以及动作 $s_{t+1}$

**10**        在 $R$ 中存储 $\langle s_t, a_t, r_t, s_{t+1}\rangle$

**11**        从 $R$ 中采样数量为 $N$ 的小批量样本 $\langle s_i, a_i, r_i, s_i+1\rangle$

**12**        设置 $y_i = r_i + \gamma Q'(s_{i+1}, \pi'(s_i+1 | \theta^{\pi'}) | \theta^{Q'})$

**13**        通过最小化损失函数来更新 Critic 网络：

**14**        $\mathcal{L} = \dfrac{1}{N}\sum_i (y_i - Q(s_i, a_i | \theta^Q))^2$

**15**        使用采样的策略梯度更新 Actor 网络：

           $\nabla_{\theta^\pi}\mathcal{L} \approx \dfrac{1}{N}\sum_i \nabla_a Q(s, a | \theta^Q) \nabla_{\theta^\pi}\pi(s | \theta^\pi) | s_i$

**16**        更新目标网络：

**17**        $\theta^{Q'} \leftarrow \tau\theta^Q + (1-\tau)\theta^{Q'}$

**18**        $\theta^{\pi'} \leftarrow \tau\theta^\pi + (1-\tau)\theta^{\pi'}$

**19**     **end**

**20** **end**

# 2.4
## 多智能体深度强化学习

    对于多个智能体的强化学习，由于智能体不仅与环境交互，而且智能体之间也会进行交互，所以导致学习过程变得困难。因此引入了多智能体强化学习（multi-agent reinforcement learning，MARL），其是强化学习和博弈论的交叉领域。二者的结合产生了 MARL 一般框架——随机博弈。

    将随机博弈应用到 MARL 的研究有很多[99-101]。其中 Littman[99] 通过在 $Q$ 学习中引入 minmax 算子解决了二人零和随机博弈问题，而 Hu 和 Wellman[100] 通过在每个阶段博弈学习纳什均衡且考虑混合策略将零和随机博弈扩展到一般和的情况。纳什 $Q$ 学习保证在每个阶段博弈都存在均衡的情况下收敛到纳什策略。在智能体可以被识别为"朋友"或"敌人"的情况下[102]，可以通过完全合作或零和学习来解决。

近年来，深度神经网络作为函数逼近器被应用于 MARL 的处理。针对 MARL 中的非静态问题，提出了多种解决方案，包括基于神经网络的对手建模[103]，策略参数共享[104] 等。研究人员还采用了中心化训练、分散执行的范式用于多智能体策略梯度学习，如 BICNET[105]、COMA[106] 和 MADDPG[107] 等，使得中心化评价 $Q$ 值函数可以使用其他智能体的动作一起训练，只需要局部观测就可以优化智能体的策略。

## 2.4.1 随机博弈

$N$ 个智能体的随机博弈 $\Gamma$ 可表示为 $\Gamma \overset{\triangle}{=} (\mathcal{S}, \mathcal{A}^1, \cdots, \mathcal{A}^N, r^1, \cdots, r^N, p, \gamma)$，此处 $\mathcal{S}$ 表示状态空间，$\mathcal{A}^j$ 是智能体 $j \in \{1, \cdots, N\}$ 的动作空间。智能体 $j$ 的奖励函数为 $r^j: \mathcal{S} \times \mathcal{A}^1 \times \cdots \times \mathcal{A}^N \longrightarrow \mathbb{R}$，其决定了即时奖励。状态转移概率 $p: \mathcal{S} \times \mathcal{A}^1 \times \cdots \times \mathcal{A}^N \longrightarrow \Omega(\mathcal{S})$ 描述了状态随时间的随机变化，其中 $\Omega(\mathcal{S})$ 是整个状态空间 $\mathcal{S}$ 上的概率分布的集合。常数因子 $\gamma \in [0, 1)$ 表示折扣因子。在每个时间步 $t$，所有智能体同时执行动作，每个智能体收到各自的即时奖励 $r_t^j$。

每个智能体都按照各自的策略选择要执行的动作。对于智能体 $j$，对应的策略为 $\pi^j: \mathcal{S} \longrightarrow \Omega(\mathcal{A}^j)$，此处 $\Omega(\mathcal{A}^j)$ 是智能体 $j$ 的动作空间 $\mathcal{A}^j$ 上的概率分布的集合。令 $\boldsymbol{\pi} \overset{\triangle}{=} [\pi^1, \cdots, \pi^N]$ 表示所有智能体的联合策略，这里的 $\boldsymbol{\pi}$ 是与时间无关的，即静态的。给定一个初始状态 $s$，在联合策略 $\boldsymbol{\pi}$ 下的智能体 $j$ 的值函数可以写为带折扣因子的未来奖励累积和的期望，即：

$$v_{\boldsymbol{\pi}}^j(s) = v^j(s; \boldsymbol{\pi}) = \sum_{t=0}^{\infty} \gamma^t \, \mathbb{E}_{\boldsymbol{\pi}, p} [r_t^j \mid s_0 = s, \boldsymbol{\pi}] \tag{2-18}$$

$Q$ 函数可以在 $N$ 个智能体博弈的框架下基于式（2-18）中由贝尔曼方程给定的值函数得到定义，因此智能体 $j$ 在联合策略 $\boldsymbol{\pi}$ 下的 $Q$ 函数 $Q_{\boldsymbol{\pi}}^j: \mathcal{S} \times \mathcal{A}^1 \times \cdots \times \mathcal{A}^N \longrightarrow \mathbb{R}$ 可表示为

$$Q_{\boldsymbol{\pi}}^j(s, \boldsymbol{a}) = r^j(s, \boldsymbol{a}) + \gamma \, \mathbb{E}_{s' \sim p} [v_{\boldsymbol{\pi}}^j(s')] \tag{2-19}$$

式中，$s'$ 是下个时间步的状态。用式（2-19）中的 $Q$ 函数来表示值函数，可写为：

$$v_\pi^j(s) = \mathbb{E}_{a \sim \pi}\left[Q_\pi^j(s, a)\right] \tag{2-20}$$

通过考虑所有智能体的联合动作 $a \triangleq [a^1, \cdots, a^N]$ 以及使用式（2-20）中联合动作的 期望来对单个智能体的情况进行扩展得到式（2-19）中 $N$ 个智能体博弈的 $Q$ 函数。

用离散时间非合作条件下的随机博弈来表示 MARL，这种条件下的博弈是不完整的，但是拥有完整博弈的信息，即虽然每个智能体既不知道其他智能体的博弈动态，也不知道其他智能体的奖励函数，但是它能够观测到其他智能体先前的动作以及由此产生的即时奖励并对其作出反应。

## 2.4.2 纳什 Q 学习

在 MARL 中，每个智能体的目标是学习最优策略来使其值函数最大化。对智能体 $j$ 的 $v_\pi^j$ 进行优化取决于所有智能体的联合策略 $\boldsymbol{\pi}$，随机博弈中的纳什均衡的概念因此具有十分重要的意义。纳什均衡策略可表示为 $\boldsymbol{\pi}_* \triangleq [\pi_*^1, \cdots, \pi_*^N]$，对于所有 $s \in \mathcal{S}$ 和所有 $\pi^j$，有下式：

$$v^j(s; \boldsymbol{\pi}_*) = v^j(s; \pi_*^j, \boldsymbol{\pi}_*^{-j}) \geqslant v^j(s; \pi^j, \boldsymbol{\pi}_*^{-j}) \tag{2-21}$$

这里采用一个紧凑的形式将除了智能体 $j$ 外的所有智能体的联合策略表示为 $\boldsymbol{\pi}_*^{-j} \triangleq [\pi_*^1, \cdots, \pi_*^{j-1}, \pi_*^{j+1}, \cdots, \pi_*^N]$。

在纳什均衡中，每个智能体相对于其他智能体按照最佳响应 $\pi_*^j$ 行动，此处假设所有其他智能体遵循策略 $\boldsymbol{\pi}_*^{-j}$。由于在 $N$ 个智能体的随机博弈中，至少存在一个具有静态策略的纳什均衡。给定一个纳什策略 $\boldsymbol{\pi}_*$，可根据所有智能体从初始状态 $s$ 按照 $\boldsymbol{\pi}_*$ 执行的奖励计算纳什值函数 $\boldsymbol{v}^{\text{Nash}}(s) \triangleq [v_{\pi_*}^1(s), \cdots, v_{\pi_*}^N(s)]$。

纳什 Q 学习定义了一个由两个交替步骤的迭代过程来计算纳什策略：①利用 Lemke-Howson 算法求解由 $\{Q_t\}$ 定义的当前阶段博弈的纳什均衡；②利用新的纳什均衡值改进 $Q$ 函数的估计值。在某种假设下，纳什算子 $\mathfrak{N}^{\text{Nash}}$ 可由下式表示：

$$\mathfrak{N}^{\text{Nash}} \boldsymbol{Q}(s, \boldsymbol{a}) = \mathbb{E}_{s' \sim p}\left[\boldsymbol{r}(s, \boldsymbol{a}) + \gamma \boldsymbol{v}^{\text{Nash}}(s')\right] \qquad (2\text{-}22)$$

此处 $\boldsymbol{Q} \triangleq [Q^1, \cdots, Q^N]$ 且 $\boldsymbol{r}(s, \boldsymbol{a}) \triangleq [r^1(s, \boldsymbol{a}), \cdots, r^N(s, \boldsymbol{a})]$。$Q$ 函数最终将收敛于博弈的纳什均衡中被认为标准的值，称为纳什 $Q$ 值。

## 2.4.3 多智能体深度确定性策略梯度算法

这里以多智能体深度确定性策略梯度 （multi-agent deep deterministic policy gradient，MADDPG） 算法为例来说明深度强化学习算法在多智能体系统环境下的应用。MADDPG 是 Actor-Critic 策略梯度方法的扩展，其中 Critic 中增加了关于其他智能体的策略等额外信息。更具体地说，有 $N$ 个智能体的博弈中，其策略由相应的神经网络参数 $\boldsymbol{\theta} = \{\theta_1, \cdots, \theta_N\}$ 表示且所有智能体策略的集合为 $\boldsymbol{\pi} = \{\pi_1, \cdots, \pi_N\}$。那么，智能体 $i$ 的期望奖励 $J(\theta_i) = \mathbb{E}[R_i]$ 的梯度可以表示为

$$\nabla_{\theta_i} J(\theta_i) = \mathbb{E}_{s \sim p^\mu, a_i \sim \pi_i}\left[\nabla_{\theta_i} \log \pi_i(a_i | o_i) Q_i^\pi(\boldsymbol{s}, a_1, \cdots, a_N)\right]$$

$$(2\text{-}23)$$

式中，$Q_i^\pi(\boldsymbol{s}, a_1, \cdots, a_N)$ 是联合状态-动作对值函数，它将所有智能体的动作 $a_1, \cdots, a_N$ 和一些状态信息 $\boldsymbol{s}$ 作为输入。在最简单的情况下，$\boldsymbol{s}$ 是由所有智能体观察到的状态组成的，$\boldsymbol{s} = (s_1, \cdots, s_N)$，但是如果需要的话，还可以包含其他附加的状态信息。由于每个 $Q_i^\pi$ 都是单独学习的，智能体可以有任意的奖励结构，包括竞争环境中的冲突奖励。

将上述问题扩展到使用确定性策略。如果考虑 $N$ 个连续策略 $\mu_{\theta_i}$，则梯度可以表示为：

$$\nabla_{\theta_i} J(\mu_i) = \mathbb{E}_{s, a \sim D}\left[\nabla_{\theta_i} \mu_i(a_i | o_i) \nabla_{a_i} Q_i^\mu(\boldsymbol{s}, a_1, \cdots, a_N) |_{a_i = \boldsymbol{\mu}_i(o_i)}\right]$$

$$(2\text{-}24)$$

式中，$\mu_{\theta_i} = \mu_i$。

这里，经验重放缓存 $D$ 包含元组 $(\boldsymbol{s}, \boldsymbol{s}', a_1, \cdots, a_N, r_1, \cdots, r_N)$，记录所有智能体的经验。联合状态动作对值函数的更新表示为

$$\mathcal{L}(\theta_i) = \mathbb{E}_{s, a, r, s'}\left[(Q_i^\mu(\boldsymbol{s}, a_1, \cdots, a_N) - y)^2\right],$$
$$y = r_i + \gamma Q_i^{\mu'}(\boldsymbol{s}', a_1', \cdots, a_N') |_{a_j' = \boldsymbol{\mu}_j'(o_j)} \qquad (2\text{-}25)$$

式中，$\boldsymbol{\mu}' = \{\mu_{\theta_1'}, \cdots, \mu_{\theta_N'}\}$ 是带有延迟参数 $\theta_i'$ 的目标策略的集

合。MADDPG 算法的伪代码如算法 2-6 所示。

**算法 2-6　N 个智能体的 MADDPG 算法**

**Input**：每个智能体 $i$ 的初始参数 $\theta_i$

**Output**：每个智能体 $i$ 训练后的参数 $\theta_i$

1　**for** 幕 $=1$ 到 $M$ **do**

2　　初始化随机进程 $\mathcal{N}$ 进行动作探索

3　　获得初始观察状态 $s$

4　　**for** $t=1$ 到 $T$ **do**

5　　　对每个智能体 $i$，选择动作 $a_i=\boldsymbol{\mu}_{\theta_i}(o_i)+\mathcal{N}_t$

6　　　执行动作 $a=(a_1,\cdots,a_N)$、观察奖励 $r$ 和新状态 $\mathbf{s}'$

7　　　在经验缓存 $\mathcal{D}$ 中存储 $\langle \mathbf{s},a,r,\mathbf{s}'\rangle$

8　　　$\mathbf{s}\leftarrow\mathbf{s}'$

9　　　**for** 智能体 $=i$ 到 $N$ **do**

10　　　　从 $\mathcal{D}$ 中随机抽取一组样本 $\langle \mathbf{s}^j,a^j,r^j,\mathbf{s}'^j\rangle$

11　　　　设置 $y^j=r_i^j+\gamma Q_i^{\mu'}(\mathbf{s}'^j,a_1',\cdots,a_N')|_{a_k'=\mu_k'(o_k^j)}$

12　　　　通过最小化损失函数 $\mathcal{L}(\theta_i)=\dfrac{1}{s}\sum_j(y^j-Q_i^\mu(\mathbf{s}^j,a_1^j,\cdots,a_N^j))^2$ 更新 Critic 网络

13　　　　使用采样的策略梯度更新 Actor 网络：

14　　　　$\nabla_{\theta_i}J=\dfrac{1}{S}\sum_j\nabla_{\theta_i}\boldsymbol{\mu}_i(o_i^j)\,\nabla_{a_i}Q_i^\mu(\mathbf{s}^j,a_1^j,\cdots,a_i,\cdots,a_N^j)\Big|_{a_i=\mu_i(o_i^j)}$

15　　　**end**

16　　　更新每个智能体 $i$ 的目标网络参数：

17　　　$\theta_i'\leftarrow\tau\theta_i+(1-\tau)\theta_i'$

18　　**end**

19　**end**

# 2.5
# 平均场多智能体强化学习

平均场理论在 MARL 上的应用使得一定程度上解决了大规模多智能体强化学习问题。首先考虑一个多智能体场景，其中每个智能体直接

与一组有限的其他智能体进行交互。通过一系列直接的互动，任何一对智能体都在全局范围内相互联系[108]。通过使用平均场理论[109]，即可将智能体群体内的相互作用近似于单个智能体以及来自整个群体或邻近智能体的平均效应之间的相互作用，来解决上述场景的可扩展性。学习在两个实体而不是许多实体之间相互加强，单个智能体的最优策略的学习基于智能体种群的动态，同时，根据单个智能体的策略对智能体种群的动态进行更新。基于这样的表述，文献［108］提出了实用的平均场 $Q$ 学习和平均场 Actor-Critic 算法。平均场多智能体强化学习可以有效地解决大量智能体同时存在的情景[110]。

## 2.5.1 平均场近似理论

多智能体环境中联合动作 $a$ 的维度随着智能体数量 $N$ 成比例增长。由于所有智能体都采取策略性地动作并根据联合动作同时计算其价值函数，因此学习标准 $Q$ 函数 $Q^j(s, a)$ 变得不可行。为了解决这个问题，仅使用成对的局部交互来对 $Q$ 函数进行分解：

$$Q^j(s, a) = \frac{1}{N^j} \sum_{k \in \mathcal{N}(j)} Q^j(s, a^j, a^k) \qquad (2\text{-}26)$$

式中，$\mathcal{N}(j)$ 是智能体 $j$ 的邻近智能体的索引集，其大小为 $N^j = |\mathcal{N}(j)|$。值得注意的是，智能体及其邻居的成对近似显著地降低了智能体之间相互作用的复杂性，但仍然隐含地保留了任何一对智能体之间的全局交互[108]。

式（2-26）中的成对相互作用 $Q^j(s, a^j, a^k)$ 可以用平均场理论近似[109]。这里考虑离散动作空间，其中智能体 $j$ 的动作 $a^j$ 是一个离散变量，每个分量表示 $D$ 个可能的动作之一：$a^j = [a_1^j, \cdots, a_D^j]$ 利用智能体 $j$ 的邻近智能体 $\mathcal{N}(j)$ 计算平均动作 $\overline{a}^j$，则可以用 $\mathcal{N}(j)$ 与一个较小的量 $\delta a^{j,k}$ 的和来表示每个邻近智能体 $k$ 的动作 $a^k$，即：

$$a^k = \overline{a}^j + \delta a^{j,k}, \quad \overline{a}^j = \frac{1}{N^j} \sum_k a^k \qquad (2\text{-}27)$$

式中，$\overline{a}^j \overset{\triangle}{=} [\overline{a_1^j}, \cdots, \overline{a_D^j}]$ 可以解释为智能体 $j$ 的邻居所采取动作的经验分布。如果成对 $Q$ 函数 $Q^j(s, a^j, a^k)$ 关于动作 $a^k$ 二阶可

微，则由泰勒理论可知，有如下过程：

$$Q^j(s,a) = \frac{1}{N^j}\sum_k Q^j(s,a^j,a^k)$$

$$= \frac{1}{N^j}\sum_k \left[ Q^j(s,a^j,\overline{a}^j) + \nabla_{\overline{a}^j} Q^j(s,a^j,\overline{a}^j) \cdot \delta a^{j,k} + \right.$$

$$\left. \frac{1}{2}\delta a^{j,k} \cdot \nabla^2_{\overline{a}^j} Q^j(s,a^j,\overline{a}^{j,k}) \cdot \delta a^{j,k} \right]$$

$$= Q^j(s,a^j,\overline{a}^j) + \nabla_{\overline{a}^j} Q^j(s,a^j,\overline{a}^j) \cdot \left[ \frac{1}{N^j}\sum_k \delta a^{j,k} \right] +$$

$$\frac{1}{2N^j}\sum_k \left[ \delta a^{j,k} \cdot \nabla^2_{\overline{a}^j,k} Q^j(s,a^j,\overline{a}^{j,k}) \cdot \delta a^{j,k} \right]$$

$$= Q^j(s,a^j,\overline{a}^j) + \frac{1}{2N^j}\sum_k R^j_{s,a^j}(a^k) \approx Q^j(s,a^j,\overline{a}^j)$$

$$(2\text{-}28)$$

式中，$R^j_{s,a^j}(a^k) \overset{\triangle}{=} \delta a^{j,k} \cdot \nabla^2_{\overline{a}^j,k} Q^j(s,a^j,\overline{a}^{j,k}) \cdot \delta a^{j,k}$ 表示泰勒多项式的余项，其中 $\overline{a}^{j,k} = \overline{a}^j + \epsilon^{j,k}\delta a^{j,k}$ 且 $\epsilon^{j,k} \in [0,1]$。由式（2-27）可知 $\sum_k \delta a^k = 0$，因此式（2-28）中的一阶微分项可以去掉。从智能体 $j$ 的角度来看，二阶余项 $R^j_{s,a^j}(a^k)$ 中的 $a^k$ 是从智能体 $k$ 的动作分布中选出的，因此 $R^j_{s,a^j}(a^k)$ 本质上是一个随机变量。最终方程可以化简为 $Q^j(s,a^j,\overline{a}^j)$ 的形式。

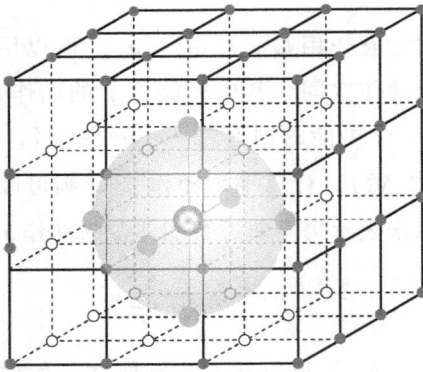

图 2-2　平均场近似

如图 2-2 所示为平均场近似，每个智能体表示为网格中的一个节点，仅受其邻居（阴影区域）的平均影响。多智能体交互转换为两个智能体交互。利用平均场近似，将智能体 $j$ 和每个邻近智能体 $k$ 之间的成对交互 $Q^j(s,a^j,a^k)$ 简化为中心智能体 $j$ 和由其所有邻居的平均影响抽象出的虚拟平均智能体之间的成对交互。因此智能体的交互得到简化并且可以由式（2-22）中的平均场 $Q$ 函数 $Q^j(s, a^j, \overline{a}^j)$ 表示。在进行学习的过程中，根据经历 $e = (s, \{a^k\}, \{r^j\}, s')$，平均场 $Q$ 函数以迭代的方式进行更新：

$$Q_{t+1}^j(s, a^j, \overline{a}^j) = (1-\alpha)Q_t^j(s, a^j, \overline{a}^j) + \alpha[r^j + \gamma v_t^j(s')] \quad (2\text{-}29)$$

式中，$\alpha_t$ 表示学习率；$\overline{a}^j$ 是在式（2-27）中定义的智能体 $j$ 的所有邻居的平均动作。在式（2-27）中智能体 $j$ 在 $t$ 时刻的平均场值函数 $v_t^j(s')$ 为

$$v_t^j(s') = \sum_{a^j} \pi_t^j(a^j \mid s', \overline{a}^j) \, \mathbb{E}_{\overline{a}^j(a^{-j}) \sim \pi_t^{-j}}[Q_t^j(s', a^j, \overline{a}^j)] \quad (2\text{-}30)$$

如式（2-29）和式（2-30）所示，利用平均场近似，将 MARL 问题转换为求解中心智能体 $j$ 关于所有智能体 $j$ 的邻居的平均动作 $\overline{a}^j$ 的最佳响应 $\pi_t^j$，平均动作 $\overline{a}^j$ 代表中心智能体 $j$ 的所有邻近智能体的动作分布。

可使用迭代过程来计算每个智能体 $j$ 的最佳响应 $\pi_t^j$。在阶段博弈 $\langle Q_t \rangle$ 中，所有智能体 $j$ 的邻居的平均动作 $\overline{a}^j$ 可通过计算 $j$ 的 $N^j$ 个邻居按照由先前平均动作 $\overline{a}_-^k$ 参数化的策略 $\pi_t^k$ 采取的动作 $a^k$ 的平均值得到，即：

$$\overline{a}^j = \frac{1}{N^j} \sum_k a^k, \, a^k \sim \pi_t^k(\cdot \mid s, \overline{a}_-^k) \quad (2\text{-}31)$$

当每个 $\overline{a}^j$ 由式（2-31）计算得到，策略 $\pi_t^j$ 也由于依赖于当前的 $\overline{a}^j$ 而随之变化。每个智能体 $j$ 的玻尔兹曼策略可由下式得到：

$$\pi_t^j(a^j \mid s, \overline{a}^j) = \frac{\exp[-\beta Q_t^j(s, a^j, \overline{a}^j)]}{\sum_{a' \in \mathcal{A}'} \exp[-\beta Q_t^j(s, a^{j'}, \overline{a}^j)]} \quad (2\text{-}32)$$

通过对式（2-31）和式（2-32）进行迭代，每个智能体感受到的平均动作 $\overline{a}^j$ 和对应的策略 $\pi_t^j$ 各自得到改进并且最终收敛。

为了区别于式（2-22）中的纳什值函数 $v^{Nash}(s)$，可将式（2-30）中的平均场值函数表示为 $v^{MF}(s) \overset{\triangle}{=} [v^1(s), \cdots, v^N(s)]$。使用 $v^{MF}$，可将平均场算子 $\mathfrak{N}^{MF}$ 表示为如下形式：

$$\mathfrak{N}^{MF}Q(s,a)=\mathbb{E}_{s'\sim p}[r(s,a)+\gamma v^{MF}(s')] \qquad (2\text{-}33)$$

通过迭代地应用平均场算子 $\mathfrak{N}^{MF}$ 来更新 $Q$，在某种假设下，平均场 $Q$ 函数最终将收敛到纳什 $Q$ 值。

## 2.5.2 平均场多智能体强化学习算法

可通过通用函数逼近器如神经网络即 $Q$ 函数用权重 $\phi$ 进行参数化，将式（2-28）中的平均场 $Q$-函数进行实现。式（2-29）中的更新规则可以重新表述为对权重 $\phi$ 调整。对于离线策略学习，有用于离散动作空间的标准 $Q$ 学习算法和用于连续动作空间的确定性策略梯度算法。文献［111］中由此提出了 MF-Q 算法。在 MF-Q 算法中，智能体 $j$ 可通过最小化如下损失函数进行训练：

$$\mathcal{L}(\phi^j)=[y^j-Q_{\phi^j}(s,a^j,\bar{a}^j)]^2 \qquad (2\text{-}34)$$

式中，$y^j=r^j+\gamma_{\phi^j_-}^{MF}(s')$ 是目标平均场值，可由权重 $\phi^j_-$ 计算得到。对 $\mathcal{L}(\phi^j)$ 进行微分可得：

$$\nabla_{\phi^j}\mathcal{L}(\phi^j)=[y^j-Q_{\phi^j}(s,a^j,\bar{a}^j)]\nabla_{\phi^j}Q_{\phi^j}(s,a^j,\bar{a}^j) \qquad (2\text{-}35)$$

这使得基于梯度的优化器进行训练成为可能。在图 2-3 中介绍了 MF-Q 的迭代过程，MF-Q 算法的伪代码如算法 2-7 所示。在图 2-3 中，目标是协调智能体到一致的方向。每个智能体有两个动作选择：向上 ↑ 或者向下 ↓。每个智能体根据邻近智能体中与其保持同一方向的智能体的个数 [0，1，2，3，4] 分别有奖励 [−2.0，−1.0，0.0，1.0，2.0]。每个智能体有四个邻居，网格在所有方向上具有循环结构即第一行和第三行相邻。在时间 $t+1$，左下角突出显示的智能体 $j$ 的奖励是 2.0，因为所有相邻的智能体在同一时间处于向下状态。图中列出了智能体 $j$ 的三个时间步的 $Q$ 值表，此时 $\bar{a}_j$ 表示邻近智能体中处于向上状态的智能体的百分比。按照式（2-29），则有 $Q_{t+1}^j(\uparrow,\bar{a}^j=0)=Q_t^j(\uparrow,\bar{a}^j=0)+\alpha[r^j-Q_t^j(\uparrow,\bar{a}^j=0)]=0.82+0.1\times(2.0-0.82)=0.93$。图 2-3 最右边的图显示了收敛的场景，在这个场景中，保持向下状态的 $Q$ 值是 2.0，这是环境中最大的奖励。

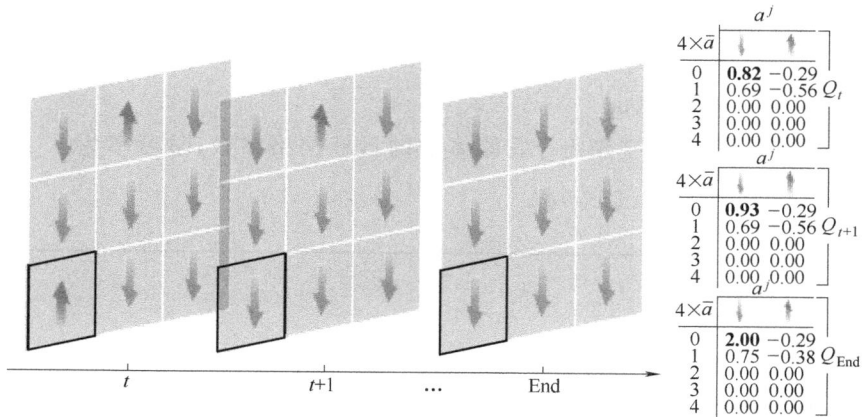

图 2-3　MF-Q 在 3×3 的简单例子上迭代

---

**算法 2-7　$N$ 个智能体的平均场 $Q$ 学习算法（MF-Q）**

**Input**：每个智能体 $j$ 的初始参数 $\phi_j$ 和平均动作 $\bar{a}^j$

**Output**：每个智能体 $j$ 训练后的参数 $\phi_j$

| | |
|---|---|
| **1** | 对每个智能体 $j$，$j \in \{1, \cdots, N\}$ 初始化 $Q_{\phi^j}$，$Q_{\phi^j_-}$ 和 $\bar{a}^j$ |
| **2** | **while** 训练未结束 **do** |
| **3** | 　for $m = 1, \cdots, M$ do |
| **4** | 　　对于每个代理 $j$，通过式(2-32)从 $Q_{\phi^j}$ 采取动作 $a^j$，其中当前平均动作为 $\bar{a}^j$，探索率为 $\beta$ |
| **5** | 　　对于每个代理 $j$，通过式(2-31)计算最新平均动作 $\bar{a}^j$ |
| **6** | 　**end** |
| **7** | 　采取联合动作 $\boldsymbol{a} = [a^1, \cdots, a^N]$ 并观察奖励 $\boldsymbol{r} = [r^1, \cdots, r^N]$ 和下一状态 $s'$ |
| **8** | 　在经验回放缓存 $\mathcal{D}$ 中存储 $\langle s, \boldsymbol{a}, \boldsymbol{r}, s', \bar{\boldsymbol{a}} \rangle$，其中 $\bar{\boldsymbol{a}} = [\bar{a}^1, \cdots, \bar{a}^N]$ |
| **9** | 　for $j = 1$ 到 $N$ do |
| **10** | 　　从 $\mathcal{D}$ 中抽取一组容量为 $K$ 的样本 $\langle s, \boldsymbol{a}, \boldsymbol{r}, s', \bar{\boldsymbol{a}} \rangle$ |
| **11** | 　　根据 $Q_{\phi^j_-}$ 采取动作 $a^j_-$，$\bar{a}^j_- \leftarrow \bar{a}^j$ |
| **12** | 　　根据式(2-32)设置 $y^j = r^j + \gamma v^{MF}_{\phi_-}(s')$ |

| 13 | 通过最小化损失函数 $\mathcal{L}(\phi^j) = \frac{1}{K} \sum (y^j - Q_{\phi^j}(s^j, a^j, \overline{a}^j))^2$ 来更新 $Q$ 网络 |
|---|---|
| 14 | end |
| 15 | 更新每个智能体 $j$ 的目标网络参数,学习率为 $\tau$ : $\phi^j_- \leftarrow \tau\phi^j + (1-\tau)\phi^j_-$ |
| 16 | end |

# 2.6
# 本章小结

　　本章首先对进化计算方法的一般框架、方法分类和特点做了概述。其次对强化学习的相关理论,例如强化学习的基本要素、单智能体强化学习和多智能体强化学习的主流算法做了概述。最后对平均场多智能体强化学习核心思想和算法做了概述。

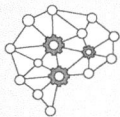

# 第3章

# 基于车流动力学的交通信号
# 控制问题建模及优化算法

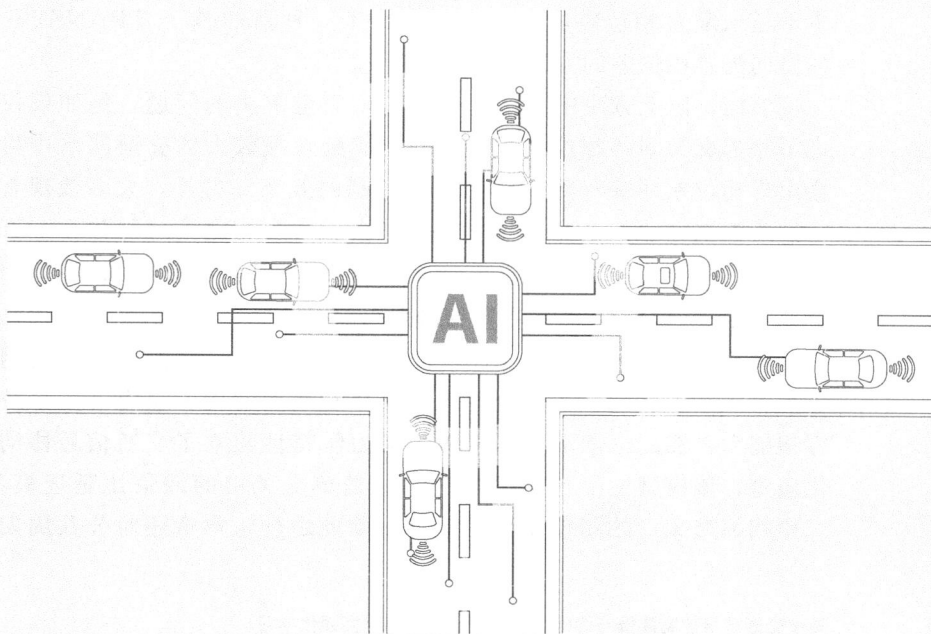

# 3.1
# 引言

在当代城市中，城市道路的建设速度远远落后于车辆的增长速度。大量车辆在交通网内交叉口附近发生拥塞，这对现代化的交通系统来说是一个巨大的挑战，而多交叉口自适应信号协同控制是应对该挑战最有效的方法之一。该方法旨在根据实时交通状况，寻找合理的交通信号控制策略来实时调整交通信号的相序和配时[112-114]，以减少交通网中因拥堵造成的延迟[115]。尽管一些商业产品，例如 SCOOT[116]，SCATS[117]，MAXBAND[118] 以及 TRANSYT[119] 已在许多城市中应用，但在现实生活中仍面临一些挑战[120]。

常见的自适应信号控制系统主要采用在信号交叉口各入口处放置感应线圈[121] 或 在交叉口处安装摄像头[122] 来探测车流，然后根据实时车流动态调整信号配时[123]。在文献［124］中利用车辆与交叉口控制器之间的实时交互，自适应地调整交叉口信号配时和相序，同时避免潜在的车辆碰撞，并采用进化计算求解模型。文献［125］提出了一种 基于车辆密度的双路相位差优化方法。文献［126］中在评估了当前主干道未配置相位差的基础上，提出了一种新的基于 TRANSYT-7F 的协同配置相位差的方法。

然而，以上方法中都存在一些尚未完全解决的问题，例如仅仅考虑了相邻交叉间的相位差配置，若推广到规模较大的交通网络中可能会出现相位差冲突，降低交通信号控制的效率。另外，大多数现有的自适应控制方法都是完全集中式的，由于一个交通网可能包含上百个交叉口，集中式控制不仅计算量大难以满足实时性要求而且一旦中心节点发生故障会造成大面积的交通瘫痪。

鉴于此，本章提出了一种半分布式三层框架，该框架将交通网分解为若干个子区域，在有效地降低计算复杂度的同时也提高了系统的容错能力，在此框架下根据车流的动力学特性建立了交通信号协同优化模型，该模型主要包括两部分，一是单交叉口的绿信比延迟模型，二是相邻交叉口的相位差延迟模型。除此之外，本章还对公共周期模型作出了改进，使公共周期长度配置更加合理，提高了信号控制系统的协调性。另外，为了解决交叉口之间的相位差冲突问题，还提出了一种交叉口分级策略，在此策略下实现了相位差的最优配置。

城市交通网常包含上百个交叉口和数百条道路，因此，建立的数学模型通常较复杂，对模型进行优化非常困难。进化计算在解决一些计算复杂度高、精确方法难以求解的问题时具有很大的优势，目前已经被广泛应用于不同类型的复杂问题求解[120,127,128]。进化计算是一类算法的统称，其中包括：遗传算法[129]、负相关搜索算法[127]、人工免疫算法[130]、烟花算法[131]、综合学习粒子群优化算法[132]和混合重力搜索算法[133]等。本章在烟花算法的基础上，提出了一种基于免疫的烟花算法来优化本章建立的模型。实验结果表明，本章提出的模型和算法在解决多交叉口信号协同控制问题中具有良好的效果。

本章的主要内容包括：

① 在半分布式的三层控制框架下提出了一种基于车流动力学的自适应交通信号 协同优化模型，该模型主要包括绿信比延迟模型和相位差延迟模型两部分。另外，本章还对公共周期模型作出了改进，使公共周期长度配置更加合理，提高了系统协调性。

② 为了解决交通网内交叉口间的相位差冲突问题，提出了一种分级策略，在此策略下实现了相位差的最优配置。

③ 提出了一种基于免疫的烟花算法。该算法利用抗体多样性的特点克服了烟花爆炸半径对搜索范围的限制，同时利用免疫细胞间的交流机制克服了烟花之间缺乏有效交互的问题，不仅加快了算法的收敛速度，还避免了陷入局部最优，提高了算法的全局搜索能力和求解精度。

# 3.2
# 交通场景下的基本参数和评价指标

## 3.2.1 基本参数

### （1）信号周期

同一个方向的信号灯执行一次完整的红、绿、黄灯序列，称为一个信号周期。

**（2）信号周期长度**

执行一次完整的信号灯序列所需的时间，通常用符号 $T$ 表示。需要注意的是，处于交通网内的各信号交叉口，为了保证协同控制效果，各交叉口的周期长度应保持相同。

**（3）绿灯时间**

在信号交叉口处给定行驶方向上的绿灯的持续时间。

**（4）绿信比**

某一相位的有效绿灯时间与信号周期长度之比，通常用符号 $\lambda$ 表示，计算公式为：$\lambda = g/T$，$g$ 为绿灯时间，$T$ 为周期长度。

**（5）信号相位**

信号相位的设置主要为交叉口各行驶方向分时间段分配一定的通行权，帮助到达交叉口的车辆都能顺利通过，避免产生冲突。如果相位设计过少，则减少了车道的利用率，导致拥堵发生。如果相位设计过多，则会大幅增大损失时间，车辆通过时间过短，出现交通混乱。在本章中默认车辆右转不受信号灯的约束，采用了四相位控制方式，相位的具体设计如图 3-1 所示。

**（6）相位差**

相位差是交叉口之间实现信号协同控制最重要的一个参数，其决定了交叉口之间协同控制的效率。这里有两种定义方式：

① 相对相位差。两个相邻交叉口，在相同的相位上，绿灯或者红灯相继亮起的时间之差，例如图 3-2 中的 $O_r$。

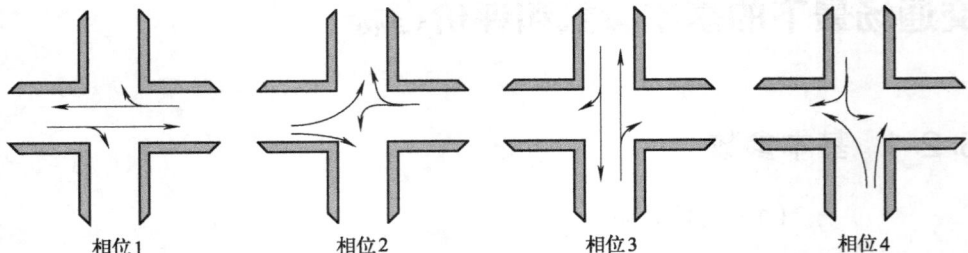

相位1　　　　相位2　　　　相位3　　　　相位4

图 3-1　四相位交通信号控制示意图

② 绝对相位差。以交通网内某一个交叉口绿灯或红灯亮起的时刻为基准，其他交叉口在相同相位绿灯或红灯亮起的时刻与基准时刻之差，例如图 3-2 中的 $O_b$。

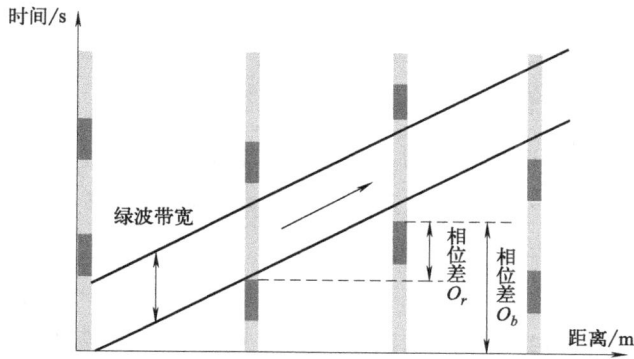

图 3-2　相位差协同控制的时间-空间示意图

### （7）绿波带宽

车辆在行驶方向上以假定不变的速度通过多个交叉口的最大绿灯时间，如图 3-2 中两条斜线的宽度就为绿波带宽。

### （8）交叉口车容量

在当前条件下，单位小时内可以通过交叉口的最大车辆数。

### （9）清除时间

在信号灯切换时，四个方向的信号灯会首先全部切换到红灯状态，并维持数秒，用以让在交叉口中间尚未通过的车辆安全通过，也可以称为全红灯时间。

### （10）车流量

单位小时内通过道路某一横截面积的车辆数。

### （11）车流率

当前道路的车流量与饱和车流量的比值。

### （12）损失时间

当信号灯刚切换为绿色时，由于人的反应需要花费时间，车辆从停止到启动也需要花费时间，这些时间的总和就称为损失时间。

## 3.2.2 评价指标

一般来说，用于评价交通性能最重要三个指标分别是延迟时间、停车次数以及排队长度。

### （1）延迟时间

延迟时间是指车流通过一段路或者某个区域时，由于车辆拥堵、交通信号限制而减速、停车以及再启动所花费的时间与车流自由匀速通过时花费的时间的差。通常，通过增大交通流容量以及合理的信号配时都能减小延迟时间。根据文献［116］中的建议，延迟时间可以用来评估当前路况尤其是当前信号配时的优劣程度，称为服务水平。与其他分级规则相类似，服务水平可以分为从 A 到 F 六个等级。A 表示延迟小于等于 10s 为最佳水平，而 F 表示延迟大于 80s 为故障状态。信号交叉口的服务水平等级标准如表 3-1 所示。

表 3-1  信号交叉口的服务水平评价标准

| 服务水平 | 平均延迟时间/s | 描述 |
| --- | --- | --- |
| A | ≤10.0 | 非常低的车辆延迟,自由车流,信号配时非常合理,大多数车辆在给定的信号相位内到达 |
| B | 10.1~20.0 | 信号配时良好,比 A 级水平的车辆停车次数和延迟多 |
| C | 20.1~35.0 | 车流稳定,信号配时相对均衡,有限的车辆停止在交叉口处 |
| D | 35.1~55.0 | 拥堵明显,延迟稍长和信号配时欠佳,许多车辆停止在交叉口处 |
| E | 55.1~80.0 | 可接受的延迟、车流不稳定、信号配时差、接近交叉口容量 |
| F | ＞80.0 | 不可接受的延迟、车流极不稳定和拥堵、超过交叉口容量限制、信号配时出现故障 |

### （2）停车次数

车辆在行驶过程中由于前方拥堵或者交通信号的限制会减速或者

停车。当拥堵严重时就会停下，车辆在停车再启动的过程中会花费大量的时间，通常停车次数与交通拥堵的程度成正比。

### （3）队列长度

车流通过一段路或者某个区域时，由于车辆拥堵或交通信号限制而形成的队列，队列的长度与拥堵情况成正比。队列长度在基于强化学习的交通信号控制问题中是一个非常重要的可用于建模奖励函数的指标，将在后续章节中具体讲解。

无论是停车次数还是队列长度，最终都是反映到延迟时间上的，因此本章就以降低交通网内的车流延迟时间为目标对各交叉口的信号配时进行优化。

# 3.3
# 多交叉口交通信号控制问题描述

城市交通网包含大量的交叉口且物理上分布广泛，因此很难通过完全集中式的协同控制方法来优化信号配时。为了满足交通信号控制的实时性要求并降低计算的复杂度，本章采用一种半分布式的三层框架将交通网络划分为若干区域，其中每个区域包含若干交通情况相似的交叉口。之所以称为半分布式，是因为在此框架内的各级控制器都具有一定的自主控制能力，并不完全依赖中心控制器。

如图 3-3 所示，三层框架包括组织层、协同层和控制层。在每层中，都有一个或多个控制器，分别称为交叉口控制器（INC）、区域控制器（RAC）和中心控制器（CNC）。其中，在组织层只设计了一个中心控制器，其主要功能是根据交叉口的物理特征和历史交通流数据，将交通网分解为数十个区域网，并在区域网层面起协同作用。此外，当交通网中有个别控制器出现故障时，中心控制器凭借其强大的计算能力，可以暂时代替底层控制器的工作。这种代替机制可以提高系统的容错能力，保证交通网信号配时的平稳运行。在协同层面，每个区域控制器从属于它的十几个交叉口获得所需的交通信息，例如每个交叉口的实时交通流数据、相位差和公共周期时间。然后，利用本章提出的分级策略（此策略将在 3.4.5 小节中详细介绍），合理规划每个交叉口的相位差。最后，区域控制器将优化后的相位差配置方案发送到属于它的各交叉口。在控制层面，每个交叉口控制器从当前交叉口所连接的道路中获取车流量、车辆速度、车辆位置和车流饱和率等信息。每个交叉口控制器根据获得的实时交通数据，利用所建立的数学模型，并行计算各交叉口的绿信比、公共周期长度和相位差，同时把必要参数上传给所属的区域控制器。总的来说，这种半分布式的框架不仅降低了大规模交通信号优化的计算复杂度，保证了实时性要求，也在一定程度上避免了某些子区域易陷入局部最优的缺点，实现了整个交通网信号的协同控制，大大提高了道路的通行效率。

　　基于车流的动力学建模和仿真中，公共周期、绿信比和相位差是最重要的三个参数。在 3.2.1 小节中图 3-1 展示了一个标准的四相位信号控制系统。其中，第一相位指的是东西方向的直行交通流和右转交通流。第二次相位指的是东西方向的左转交通流。第三相位指的是南北方向的直行交通流和右转交通流。第四相位指的是东西方向的左转交通流。在交叉口设置过多的相位数，会导致相位切换次数增加，即损失时间的增加，从而降低交叉口通行能力和交通效率。反之，太少的相位也会使交叉口因拥堵而降低效率。对于大多数交叉口，采用四相位信号控制是最合理的，本章也同样采用了四相位信号控制方式。公共周期在一定程度上决定交叉口的车辆排队长度、损失时间和路口通行效率。公共周期过短会导致车辆不断地在交叉口堆积，从而产生拥堵；公共周期过长会间接导致红灯信号时间过长，使司机和乘客产生情绪波动，不利于行车安全。公共周期长度通常设定在 36～190s 之间[134]，具体的周期长度可以根据实际的交通流确定。绿信比是交通信号控制的重要参数之一，合理的绿信比能保证交叉口各方向的车流在可接受的时间内快速通过，能有效减少交叉口各车辆的停车次数和延迟时间，提高交叉口的通行效率。相位差同样是一个非常重要的参数，合理地配置相位差，能增大主干道的绿波带宽，使车辆能在不停车的情况下连续通过多个交叉口。类似于物理学中的相对位置和绝对位置的概念，根据参照物的不同相位差也分为相对相位差和绝对相位差，其具体概念已经在 3.2.1 小节中做了详细阐述。需要注意的是，绝对相位差通常用于离线信号控制系统中，本章设计了一个自适应信号协同控制系统，因此采用相对相位差。在本章中，基于上面所提出的三层框架对这几个参数进行联合优化，在减小每个单独交叉口绿信比延迟的同时通过各交叉口之间的协同工作合理配置相位差，增大了绿波带宽，降低了整个交通网的延迟时间。

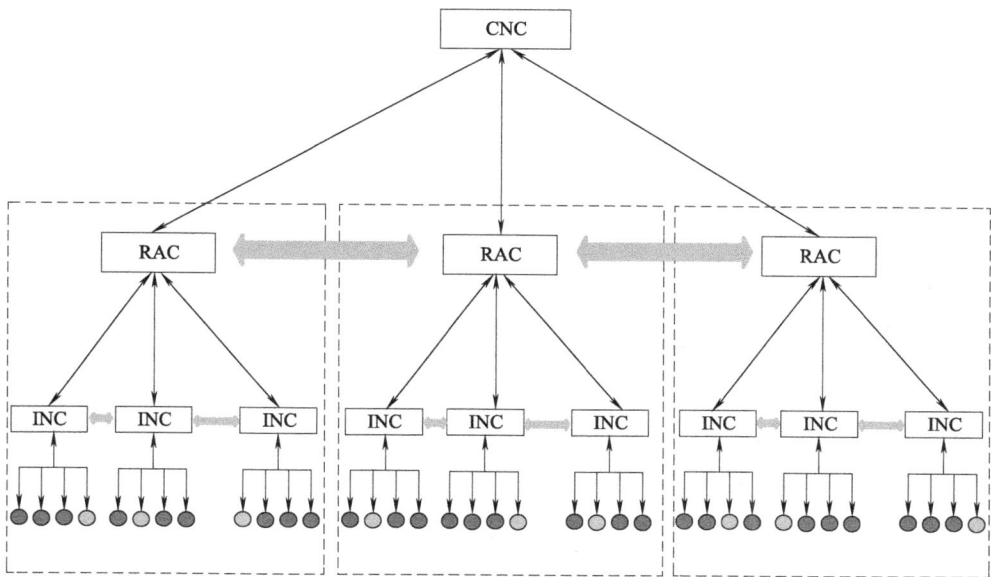

图 3-3　多交叉口信号控制三层框架

如图 3-4 所示为自适应信号协同控制的原理图。整个交通网络通过三层框架分解为一系列的区域交通网，每个区域又包含十几个信号交叉口，每个信号交叉口根据检测到的实时交通流量数据，独立优化下一个公共周期内的信号配时。同时，各交叉口之间通过协同优化来获得公共周期和相对相位差。通过对这三个参数的协同闭环控制，使交通网的延迟时间最小。

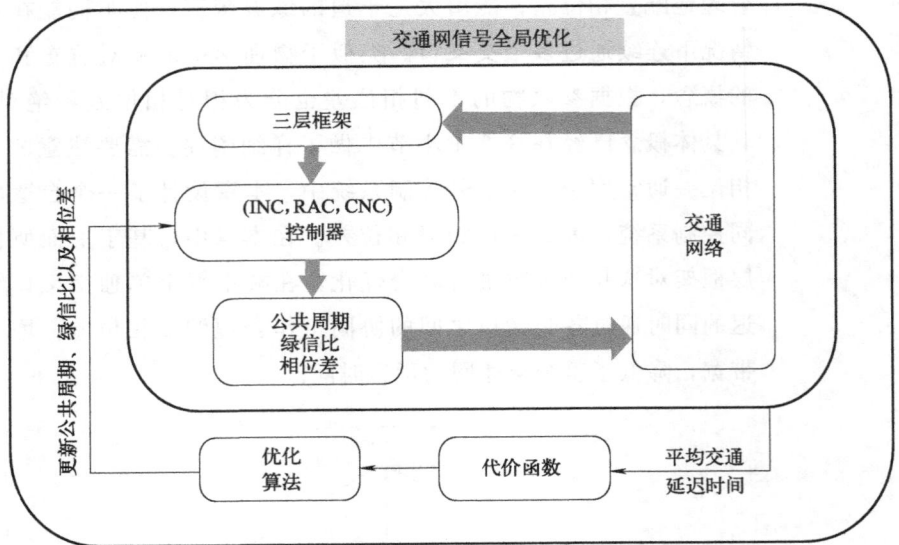

图 3-4  自适应信号协同控制原理图

# 3.4
# 多交叉口交通信号控制问题建模

## 3.4.1  相位差延迟模型

通过建立相邻交叉口的相位差延迟模型，可以实现各交叉口信号的协同控制，其原理可以用一张时间-距离图来表示。如图 3-2 所示，两条倾斜的黑色实线之间的宽度就是一个绿波带宽。这意味着，如果道路上的某些车辆在绿波期间以适当的速度行驶，就会在每个交叉口都遇到绿灯信号，不用减速停车而顺利通过。通过优化交叉口之间的相位差来获得最大绿波带宽，以便在绿灯期间能让更多的车辆通过，减少交通网的延迟时间。

在图 3-5 中，将主干道的两个相邻交叉口分别定义为 $I_m$ 和 $I_{m'}$。该主干道有上行和下行两个车辆行驶方向。$I_m$ 和 $I_{m'}$ 之间的相位差定

义为 $p_{mm'}$。$v_u$ 和 $q_u$ 分别表示上行方向的车流速度和车流量。$v_d$ 和 $q_d$ 分别表示下行方向的车流速度和车流量。$q_s$ 表示车道上的饱和车流量，假设各车道的饱和车流量是相同的。$t_r$ 表示红灯持续时间。$T$ 为当前交通网的最优公共周期。$l_{mm'}$ 表示 $I_m$ 和 $I_{m'}$ 之间的距离。需要注意的是，模型中的一些参数，例如上行方向的车流速度 $v_u$ 和车流量 $q_u$、下行方向的车流速度 $v_d$ 和车流量 $q_d$ 等，都是通过 V2I 车联网通信技术获取后，再通过数据融合预处理之后得到的。道路的长度 $l_{mm'}$ 和饱和车流量 $q_s$ 是由道路本身的设计指标决定的。

相位差导致的延迟时间 $D_{ph}$ 可以定义为

$$D_{ph} = D_d + D_u = \sum_{m=1}^{M} [\varphi_m d_{md} + (1-\varphi_m) d'_{md}] +$$

$$\sum_{m=1}^{M} [\theta_m d_{mu} + (1-\theta_m) d'_{mu}] \qquad (3\text{-}1)$$

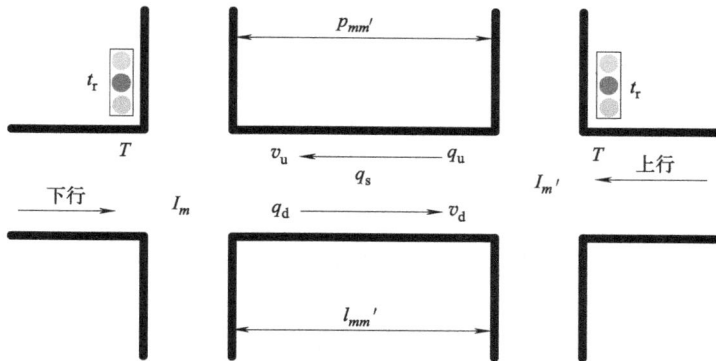

图 3-5　相邻交叉口之间的参数

$$d_{md} = \frac{(p_{mm'} - l_{mm'}/v_d \bmod T)^2 q_d q_s}{2(q_s - q_d)} \qquad (3\text{-}2)$$

$$d'_{md} = q_d (l_{mm'}/v_d \bmod T - p_{mm'}) - 0.5 q_d (l_{mm'}/v_d \bmod T - p_{mm'})^2$$

$$+ 0.5 q_d^2 (l_{mm'}/v_d \bmod T - p_{mm'})^2 / q_s \qquad (3\text{-}3)$$

$$d_{mu} = \frac{(T - p_{mm'} - l_{mm'}/v_u \bmod T)^2 q_u q_s}{2(q_s - q_u)} \qquad (3\text{-}4)$$

$$d'_{mu} = q_u (l_{mm'}/v_u \bmod T - T + p_{mm'}) - 0.5 q_u (l_{mm'}/v_u \bmod T - T + p_{mm'})^2$$

$$+0.5q_u^2(l_{mm'}/v_u \bmod T - T + p_{mm'})^2/q_s \tag{3-5}$$

$$\varphi_m = \begin{cases} 1, l_{mm'}/v_d \bmod T \leqslant p_{mm'} \\ 0, l_{mm'}/v_d \bmod T > p_{mm'} \end{cases} \tag{3-6}$$

$$\theta_m = \begin{cases} 1, T - l_{mm'}/v_u \bmod T \geqslant p_{mm'} \\ 0, T - l_{mm'}/v_u \bmod T < p_{mm'} \end{cases} \tag{3-7}$$

$$0 \leqslant p_{mm'} < T \tag{3-8}$$

式中，$D_u$ 是上行方向的车流延迟；$D_d$ 是下行方向的车流延迟。在每个方向上由相位差引起的延迟可以分为两类。本章以下行方向的车流为例，对这两种类型进行详细说明：一种是车流通过交叉口 $I_m$，当车队头部到达交叉口 $I_{m'}$ 时遇到红灯受阻，另一种情况是车流通过交叉口 $I_m$，当车队尾部到达交叉口 $I_{m'}$ 时车流尾部受阻。根据这两种类型建立的相位差延迟模型分别为式（3-2）和式（3-3）。同理，在上行方向建立的相位差延迟模型分别为式（3-4）和式（3-5）。式（3-6）用来判断下行方向的车流是头部受阻还是尾部受阻。同理，式（3-7）用来判断上行方向的车流是头部受阻还是尾部受阻。需要注意的是相位差的值要小于交通网内公共周期长度，如式（3-8）所示。

## 3.4.2 绿信比延迟模型

本章研究的是在交通流能均匀稳定到达以及非饱和车流条件下的信号配时问题。受 Webster 延迟模型[128,135] 的启发，建立了单交叉口绿信比延迟模型，可以表示为

$$D_g = \sum_{k=1}^{K} \sum_{n=1}^{J} \left\{ q_{kn} \left[ \frac{T(1-t_{kng}/T)^2}{2(1-x_{kn}t_{kng}/T)} + \frac{x_{kn}^2}{2q_{kn}(1-x_{kn})} \right. \right.$$

$$\left. \left. -0.65 \left( \frac{T}{q_{kn}^2} \right)^{\frac{1}{3}} x_{kn}^{(2+5t_{kng}/T)} \right] \right\} \tag{3-9}$$

式中，$K$ 指的是交通网内交叉口的总数；$J$ 指的是该交通网采用的相位数；$q_{nk}$、$x_{nk}$ 和 $t_{kng}$ 分别指的是在交叉口 $k$ 处相位为 $n$ 时的车流量、车流饱和率以及绿灯时间。另外，$t_{kng}$ 的取值范围定义如下：

$$t_{kng}^{\min} \leqslant t_{kng} \leqslant t_{kng}^{\max} \tag{3-10}$$

### 3.4.3　改进的公共周期模型

在交通网信号协同控制中，公共周期长度过大或过小，都会对各个交叉口的车流通行能力与车辆延迟时间造成严重影响。更重要的是，如果不选取最大的周期时长作为公共周期，系统内将会有部分交叉口因周期过短而导致通行能力小于实际交通量，严重影响交通网的通行效率。综合考虑 Webster[135] 以及交通网内相邻交叉口之间的距离，建立了改进的公共周期计算模型，其可以定义为

$$T_m = \phi\, \frac{1.5 L_m + 5}{1 - Y_m} + (1 - \phi)\frac{2d}{\tau v} \tag{3-11}$$

式中，$T_m$ 为交叉口 $m$ 的信号周期；$\phi$ 为权重系数，其取值范围为 $\phi \in (0,1)$；$L_m$ 是一个周期内交叉口 $m$ 的总损失时间；$Y_m$ 为单个周期内交叉口 $m$ 各相位的车流饱和率之和；$d$ 是相邻交叉口之间的距离；$\tau$ 是一个正整数；$v$ 为车流速度。$L_m$ 和 $Y_m$ 的定义如下所示：

$$L_m = \sum_{n=1}^{J} (L_m^n + t_m^{rn}) \tag{3-12}$$

$$Y_m = \sum_{n=1}^{J} Y_m^n = \sum_{n=1}^{J} q_m^n / q_m^{sn} \tag{3-13}$$

式中，$L_m^n$、$t_m^{rn}$、$Y_m^n$、$q_m^n$ 以及 $q_m^{sn}$ 分别为交叉口 $m$ 在第 $n$ 相位的损失时间、红灯时间、车流饱和率、车流量以及饱和车流量。公共周期 $T$ 的定义如下所示：

$$T = \max\{T_m \mid m = 1, \cdots, I\} \tag{3-14}$$

式中，$T_1$，$T_2$，$\cdots$，$T_m$ 分别是各交叉口的信号周期长度。

### 3.4.4　信号协同优化模型

综合考虑交通信号的绿信比和相位差，通过加权求和建立了信号协同优化模型，该模型以最小化交通网内车流的延迟时间为目标。设 $\alpha$ 和 $\beta$ 为两个权重参数，则目标函数 $D$ 可以定义为

$$\min D = \alpha D_{ph} + \beta D_g \tag{3-15}$$

根据不同的交通环境，可以选择不同的参数值。如果选取 $\alpha = \beta = 0.5$，则表示绿信比延迟与相位差延迟具有相同的重要性。当交通环境处于高峰期时，相位差延迟比绿信比延迟更重要，此时令 $\alpha = 0.7$，$\beta = 0.3$。当交通环境处于平峰期时，绿信比延迟比相位差延迟更重要，此时令 $\alpha = 0.3$，$\beta = 0.7$。

## 3.4.5 交叉口分级策略

交叉口之间相位差的协同性直接影响主干道的绿波带宽。较小的绿波带宽会大大增加交通延迟时间，降低交通网的通行效率。然而，还有一个更关键的问题，交通网内如果出现大量的相位差冲突，则会严重影响相位差的合理配置，最终导致整个交通网信号配时失败。针对这一问题，本章提出了一种基于交通流饱和率、车道数和紧急拥塞因子的交叉口分级策略。这里定义了辅助变量 $I_i$，用来评估交叉口 $i$ 的重要性，其可以表示为

$$I_i = \tau \sum_{j=1}^{l} \overline{\sigma}_{il} \cdot \overline{q}_{il} \tag{3-16}$$

式中，$\overline{\sigma}_{il}$ 表示交叉口 $i$ 的 $l$ 车道的时间占用率；$\overline{q}_{il}$ 表示交叉口 $i$ 的 $l$ 车道的交通流量；$\tau$ 表示紧急拥堵补偿系数。在一个拥有 $n$ 个交叉口的交通网络中，关键交叉口 $I_k$ 可以表示为

$$I_k = \max\{I_1, I_2, \cdots, I_n\} \tag{3-17}$$

确定关键交叉口后，与该交叉口相连的两条道路中流量最大的一条定为主干道，主干道中包含的其他交叉口定为次关键交叉口。与主干道平行的其他道路的优先级按照与主路的远近程度依次设定，越靠近主干道的道路优先级越高。分级策略的具体步骤如下所示：

步骤 1：根据 3.3 节中提出的框架，将交通网络划分为十几个子区域，按式（3-16）计算每个区域的关键交叉口。

步骤 2：令与交叉口相连的两条道路中流量最大的为主干道 $l_1$，区域交通网中与主干道平行的道路分别标记为 $l_2$，$l_3$，$\cdots$，$l_n$，其包括区域内所有的交叉口。

步骤 3：除主干道外的（$n-1$）条道路的优先级是根据每条道路与主干道之间的距离确定的，离主干道距离越近，优先级越高。

步骤 4：根据道路的优先级来确定其所属的每个交叉口的优先级，然后根据交叉口的优先级来配置区域网内各交叉口的相位差。

首先，对区域内的关键交叉口进行绿灯配时优化，将关键交叉口的相位设为相对参考相位。其次，对主干道内的其他交叉口进行绿灯配时优化，再依次对属于主干道的交叉口间的相位差进行优化。最后，根据区域内各道路的优先级执行相似的优化方案。

为了说明上述步骤，本章提供了一个简单的示例。如图 3-6 所示，是一个 $3 \times 3$ 的区域交通网。假设在所有交叉口中辅助变量 $I_5$ 的值最大，道路（4-5-6）和道路（8-5-2）相比，道路（4-5-6）的交通流量较大。然后将交叉口 5 定为关键交叉口，道路（4-5-6）为主干道。首先，根据相位差延迟模型计算交叉口 4 和交叉口 6 的相位差。其次，以关键交叉口 5 作为相对参考相位，根据优先级配置主干道（4-5-6）中交叉口 4 和 6 的相位差。最后，根据其他道路的优先级配置各交叉口的相位差，以实现该区域交通网中交通信号的协同优化。

在 3.6.2 小节中，将通过实验进一步讨论该策略的有效性。

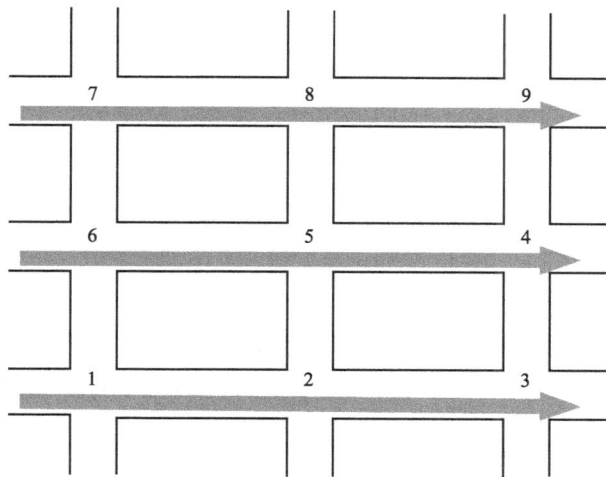

图 3-6　区域交通网示意图

# 3.5 基于免疫的烟花算法

## 3.5.1 烟花算法和免疫机制的基本思想

进化算法或演化算法是一个"算法簇"，尽管它有很多的变化，有不同的遗传基因表达方式，不同的交叉和变异算子、特殊算子的引用，以及不同的再生和选择方法，但它们产生的灵感都来自大自然的生物进化。与传统的基于微积分的方法和穷举法等优化算法相比，进化计算是一种成熟的具有高鲁棒性和广泛适用性的全局优化方法，具有自组织、自适应、自学习的特性，能够不受问题性质的限制，有效地处理传统优化算法难以解决的复杂问题。烟花算法也是一种进化算法，由谭营等人[136]首先提出。

烟花算法的主要步骤如下：

① 初始化：在解空间中随机生成一些烟花。

② 生成火花：计算每个烟花 $x_i$ 的适应度并生成相应的火花 $P_i$，火花 $P_i$ 可以表示为

$$P_i = k \frac{F_{wst} - f(x_i) + \xi}{\sum_{i=1}^N [Y_{wst} - f(x_i)] + \xi} \tag{3-18}$$

式中，$P_i$ 是由第 $x_i$ 个烟花生成的花火数；$k$ 是一个常数，用来调节产生的火花数量；$F_{wst}$ 是当前种群中最差的适应度函数值；$f(x_i)$ 是第 $x_i$ 个烟花的适应度函数值；$\xi$ 通常是一个极小的常数，用于避免分母为零的情况出现。

③ 爆炸幅度：根据烟花在现实中的特点和搜索问题的实际情况，产生的火花到爆炸中心的距离小于或等于爆炸幅度。烟花 $x_i$ 的爆炸幅度可以用 $U_i$ 来表示，其中 $U_i$ 可以定义为

$$U_i = \hat{U} \frac{f(x_i) - F_{bst} + \xi}{\sum_{i=1}^N [f(x_i) - F_{bst}] + \xi} \tag{3-19}$$

式中，$F_{bst}$ 为当前种群中最好的适应度函数值；$\hat{U}$ 是一个常数。

④ 变异算子：对烟花 $x_i^k$ 进行高斯变异，其可以表示为

$$x_i^k = x_i^k \mathcal{N}(1,1) \tag{3-20}$$

式中，$\mathcal{N}(1,1)$ 表示一个高斯随机数。

⑤ 选择算子：对于每个个体 $x_i$，$p(x_i)$ 被选中的概率是 $S(x_i)/\sum_{a \in N} S(x_j)$，其中 $S(x_i)$ 可以表示为

$$S(x_i) = \sum_{a=1}^{N} d(x_i, x_a) = \sum_{a=1}^{N} \| x_i - x_a \| \tag{3-21}$$

式中，$S(x_i)$ 为烟花 $x_i$ 与其他烟花的距离之和；$d(x_i, x_a)$ 是 $x_i$ 和 $x_a$ 之间的欧氏距离。

⑥ 停止条件：如果满足终止条件，则输出找到的最佳烟花；否则，重复步骤②～⑤。

生物免疫系统是人体的重要组成部分。它由免疫器官、免疫细胞和免疫分子组成。免疫系统的作用是用来识别那些属于或不属于身体的物质，快速准确地对这些物质作出反应，并保持记忆响应。一般情况下，当外来物质进入人体时，会被人体的免疫系统视为抗原。然后，免疫系统产生相应的特异性抗体来清除这些抗原，并产生记忆功能来应对这些特定抗原的下一次入侵。

人工免疫算法是一种受生物免疫机制启发的进化计算方法。在人工免疫算法中，将需要解决的问题视为抗原，将问题的可行解视为抗体。这样，问题的优化过程对应于生物免疫系统识别抗原并产生抗体的过程，在数学中将其抽象为进化计算的过程，从而得到该算法。

## 3.5.2　基于免疫的烟花算法设计

在烟花算法中，由于受到爆炸算子中爆炸幅度的影响，当后期爆炸幅度大于最优值所在的区域时容易陷入局部最优。爆炸产生的火花之间也缺乏信息交流机制，优质烟花的引导信息不能被其他烟花感知和利用。另外，在变异算子中采用的高斯变异具有很弱的局部最优跳出能力，而且其本身较弱的区域搜索能力进一步恶化了这种缺陷。然

而在免疫算法中，其自身多样性维护机制和抗体间的信息交流机制可以克服"早熟"问题。为了克服烟花算法的这些不足，本章在烟花算法中引入了这种免疫机制，以克服其缺点。该机制具有适应性强、随机并行性、全局收敛性和种群多样性等特点。

本章所提出的基于免疫的烟花算法（immune-fireworks algorithm，IM-FWA）的流程如图 3-7 所示。在该算法中，烟花产生的火花被视为抗体。首先，对抗体种群进行初始化并计算出各抗体的亲和力。其次，通过抗体浓度评价算子计算抗体之间的相似性。然后，由激励度算子计算每个抗体的激励度，这是评价抗体质量的最终指标。一般来说，亲和力越大且浓度越小的抗体会获得更大的激励度。随后进行免疫选择、抗体克隆、突变和克隆抑制等一系列免疫操作。最后更新烟花，判断结束条件。如果满足终止条件，则输出最优解，否则，重复以上步骤。

算法的具体步骤定义如下所述。

## （1）编码

为了求解建立的模型，需要解决两个问题：一是如何对解进行编码；二是如何判断产生的烟花即解的质量。在本章提出的算法中，每个烟花或火花代表一个解，由于所要求解的交通模型包含多个交叉口，因此该算法中烟花的维度等于交叉口的数量。适应度函数在一定程度上决定了进化计算的演化方向，直接影响算法的收敛速度以及能否找到最优解。在本章提出的算法中，适应度为交通延迟时间 $D$。

## （2）亲和力计算

亲和力用来表示抗体解决问题（识别抗原）的能力。该抗原与交通信号控制问题的目标函数以及约束条件相一致。抗体是候选解，对于抗体 $x_i$，它与抗原之间的亲和力 $A(x_i)$ 可以表示为

$$A(x_i) = 1/[(\alpha D_{ph} + \beta D_g)K_i + \varepsilon] \tag{3-22}$$

从上式可以看出，为了定义抗体的亲和力，同时考虑了绿信比延迟 $D_{ph}$ 和相位差延迟 $D_g$。$K_i$ 是第 $i$ 个火花与当前全局最优烟花之间的距离，其可以表示为

$$K_i = \sqrt{\sum_{k=1}^{\Omega} (F_{ik} - C_{jk})^2} \qquad (3-23)$$

式中，$F_{ik}$ 和 $C_{jk}$ 分别是火花 $F_i$ 和当前最优火花 $C_j$ 的第 $k$ 维。正如在式（3-22）中看到的，适应度值越小意味着相应的解越接近全局最优解，同时也拥有更高的亲和力。$\varepsilon$ 是一个正整数，比如 1，用于避免分母为零的情况出现，$\Omega$ 是火花的维度。

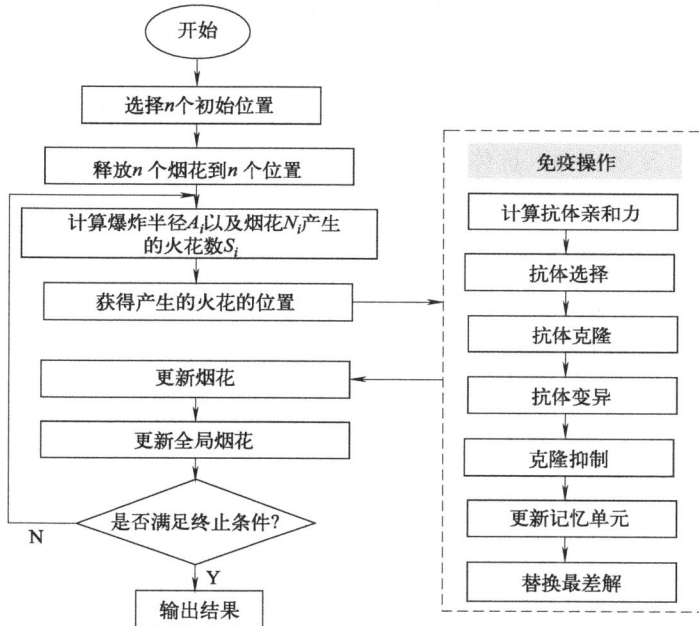

图 3-7　基于免疫的烟花算法流程图

### （3）抗体浓度和激励度算子

火花 $x_i$ 与 $x_j$ 之间的相似度 $\phi(x_i, x_j)$ 可以表示为

$$\phi(x_i, x_j) = \begin{cases} 1, W(x_i, x_j) < \delta \\ 0, W(x_i, x_j) \geqslant \delta \end{cases} \qquad (3-24)$$

式中，$\delta$ 是一个常数。$W(x_i, x_j)$ 是欧氏距离，其可以表示为

$$W(x_i, x_j) = \sqrt{\sum_{k=1}^{\Omega} (x_{ik} - x_{jk})^2} \qquad (3-25)$$

火花 $x_i$ 的抗体浓度 $M(x_i)$ 可以表示为

$$M(x_i) = \frac{1}{\Gamma} \sum_{j=1}^{\Gamma} \phi(x_i, x_j) \qquad (3\text{-}26)$$

式中，$\Gamma$ 是种群数量。

抗体激励度 $\zeta(x_i)$ 是火花质量 $x_i$ 的最终评级指标。一般来说，亲和力较高且抗体浓度较低的火花具有较大的激励度。抗体激励度 $\zeta(x_i)$ 可以表示为

$$\zeta(x_i) = A(x_i) e^{-M(x_i)} \qquad (3\text{-}27)$$

### （4）抗体克隆扩增和克隆变异算子

在该算法中抗体的克隆扩增和克隆变异是非常重要的，它们通常统一称为克隆操作。克隆操作算子对亲和力较高的火花（抗体）执行复制操作。抗体克隆的数量 $Q_i$ 可以定义为

$$Q_i = \left\lceil N_c \cdot \frac{A(x_i)}{\sum_{j=1}^{n} A(x_j)} \right\rceil \qquad (3\text{-}28)$$

从上式可以看出，$Q_i$ 的值是动态变化的，抗体克隆的数量是抗原亲和力递增函数，亲和力值越大抗体克隆数越大，式中，$N_c$ 为抗体群的总克隆数量；$\lceil \cdot \rceil$ 为上舍入函数，$\lceil X \rceil$ 是大于 $X$ 的最小整数。

变异算子对克隆扩增算子的结果执行变异操作来生成亲和力变异。它是生成潜在的新火花和进行区域搜索的重要算子，对算法的性能有很大的影响。克隆突变算子 $Y(x_{i,k,m})$ 可以表示为

$$Y(x_{i,k,m}) = \begin{cases} x_{i,k,m} + [rand(0,1) - 0.5]\delta, & rand(0,1) < p_m \\ x_{i,k,m}, & rand(0,1) \geqslant p_m \end{cases}$$

$$(3\text{-}29)$$

式中，$x_{i,k,m}$ 是火花 $x_{i,m}$ 的第 $k$ 维；$x_{i,m}$ 是火花 $x_i$ 的第 $m$ 个克隆个体；$\delta$ 是定义的邻域范围；$p_m$ 是突变概率；$rand(0,1)$ 表示一个均匀随机数。

### （5）种群更新

根据激励度，对所有的火花进行排序，选出 $N-1$ 个最好的火花作为子代烟花。选择一些高质量的火花对记忆单元进行更新，同时获得一个新的当前全局最优解。

综上所述，算法的伪代码如算法 3-1 所示。

算法 3-1　基于免疫的烟花算法

**Input**：交通信号模型相关的参数
**Output**：交通信号模型对应的解 $G_{best}$

1　为 $N$ 个烟花随机选取 $N$ 个位置
2　**for** 每个烟花 $x_i$ **do**
3　　计算由烟花 $x_i$ 生成的火花个数 $P_i$
4　　计算由烟花 $x_i$ 产生的爆炸幅度 $U_i$
5　　在当前种群中为交通信号控制模型选取一个解 $sol_i$
6　**end**
7　**while** 不满足终止条件 **do**
8　　计算每个烟花 $x_i$ 的激励度 $\zeta(x_i)$
9　　根据激励度的大小给种群内的火花排序，把最好的个体放入新的种群中
10　　**for** 对除最佳个体之外的每个烟花 $x_i$ **do**
11　　　计算其克隆个体数量 $Q_i$
12　　　**for** 对每个烟花 $x_i$ 的克隆个体 **do**
13　　　　对其进行变异操作 $Y(x_{i,k,m})$
14　　　**end**
15　　　再次计算个体的激励度
16　　**end**
17　　把 $N-1$ 个最好的火花放入新的种群中
18　　选取最好的 $K$ 个火花去更新记忆单元
19　　随机产生 $\eta$ 个火花替换种群中最差的 $\eta$ 个火花
20　　更新烟花种群，获得最优全局解 $G_{best}$
21　**end**

# 3.6
# 仿真与分析

## 3.6.1　仿真环境及实验参数设置

如图 3-8 所示，以西安市二环内的交叉口为交通环境进行仿真，采

集了该交通网内交叉口在不同时间段的车流速度以及车流量。此外，还测量了各相邻交叉口之间的距离。由于交通网中交叉口数量较多，本章选取了一个包含 10 个交叉口的区域交通网进行详细的仿真分析。本章采用提出的基于免疫的烟花算法分别求解建立的信号协同优化模型以及改进的公共周期模型。同时，为了评估所提出的算法的性能，本章还采用了六种主流的算法用于比较，六种算法分别是人工免疫算法（artificial Immune algorithm，IM）、烟花算法（fireworks algorithm，FWA）、遗传算法（genetic algorithm，GA）、综合学习粒子群算法（comprehensive learning particle swarm optimizer，CLPSO）、增强烟花算法（Enhanced Fireworks Algorithm，FWA-EI）和负相关搜索（negatively correlated search，NCS）算法。

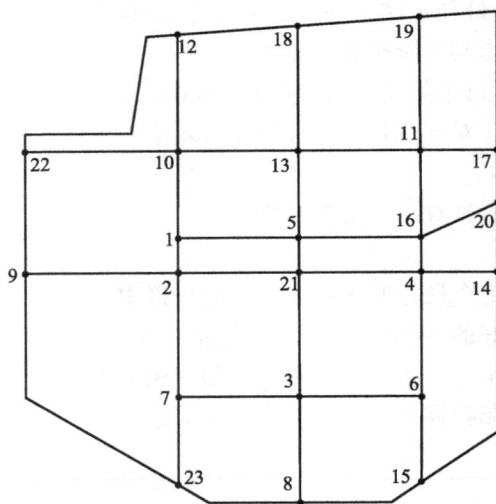

图 3-8　西安二环内主干道交通网示意图

基于免疫的烟花算法的参数设置如下：种群规模为 50，抗体维数为 10，变异概率为 0.01，克隆数量为 10，亲和力阈值为 0.2，迭代次数为 200。遗传算法的参数设置如下：种群规模为 50，迭代次数为 200，交叉概率为 0.85，突变概率为 0.01。烟花算法的参数设置如下：种群规模为 50，烟花的维度为 10，迭代次数为 200。增强烟花算法的参数设置为：$M_e = 50$，$M_g = 5$ 以及 $\alpha = 40$。免疫算法的参数设置如下：种群规模为 50，变异概率为 0.1，克隆数量为 10，亲和力阈值为 0.2。负相关搜索算法的参数设置如下：种群规模为 50，迭代次数为 200，参数 $r$ 和 $epoch$ 分别设置为 0.99 和 10。综合学习粒子群算法的参数设置如下：种群规模为 50，迭代次数为 200，参数 $w_1$ 和 $w_2$ 分别设置为 0.9 和 0.4，加速常数为 1.49。

硬件平台以及软件仿真平台分别是一台高性能计算机（I5-10500 3.1 GHz，32Gb RAM，RTX2060 Super1470-1650MHz）和 MATLAB R2017b。

## 3.6.2 交通环境下的仿真与分析

本章中用所提出的算法对信号协同优化模型以及改进的公共周期模型进行求解，以便能获得最优的绿信比、相位差以及公共周期来达到对交通网内各交叉口信号进行协同优化的目的。

针对所提出的模型，用基于免疫的烟花算法以及其他六种主要的进化算法求解之后的收敛曲线分别如图 3-9 和图 3-10 所示。图 3-9 所示为一个有 10 个交叉口的区域交通网在高峰时期的延迟时间收敛曲线。

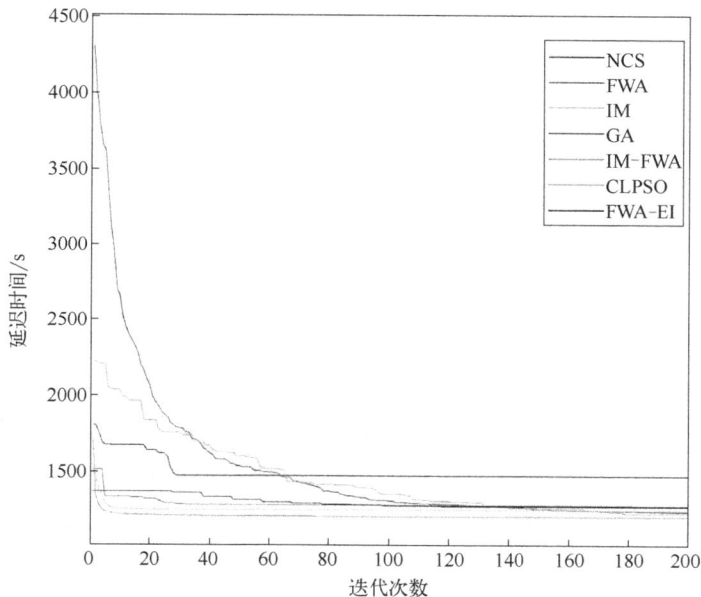

图 3-9　高峰时期的延迟时间收敛曲线

图 3-10 所示为一个有 10 个交叉口的区域交通网在平峰时期的延迟时间收敛曲线。从图 3-9 和图 3-10 可以看出，本章提出的 IM-FWA 算法在收敛速度和求解精度方面都优于其他六种算法，说明该算法的全局搜索能力和种群多样性较好，没有陷入局部最优。遗传算法的收敛速度和精度是最差的，其他五种算法（IM、FWA、FWA-EI、CLPSO、NCS）的收敛速度都比 IM-FWA 慢且求解精度略差。此外，从图 3-11 中可以看到 10 个交叉口的信号周期长度随交通流的变化趋势，从该三维图中也可以粗略估计出每个交叉口的拥堵情况。

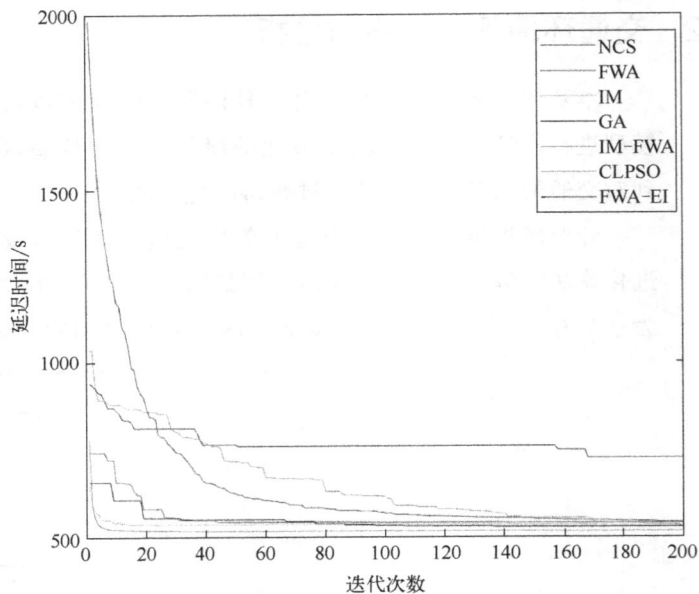

图 3-10　平峰时期的延迟时间收敛曲线

为了准确评估交通延迟时间，将每个算法执行 50 次，然后记录其最好值、最差值、平均值、标准差以及执行时间。交通高峰时期和平峰时期的统计结果分别如表 3-2 和表 3-3 所示，从这两个表可以看出，通过基于免疫的烟花算法优化后得到的延迟时间、平均时间、标准偏差和执行时间相比其他六种算法都是最小的。最小标准差可以保证交通网中各交叉口信号配时的稳定性，稳定交通流，对于缓解交通拥堵具有重要意义。

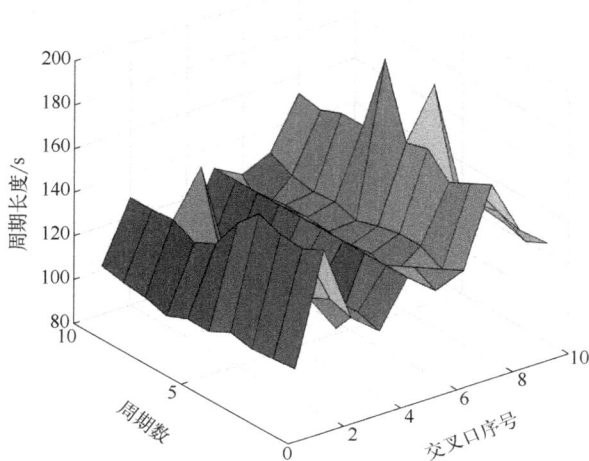

图 3-11 各交叉口的信号周期长度随交通流的变化

表 3-2 高峰时期的延迟时间数据比较

| 算法 | 最好值 | 最差值 | 平均值 | 标准差 | 执行时间/s |
|---|---|---|---|---|---|
| NCS | 1217.6 | 1275.1 | 1254.6 | 23.0 | 5.4 |
| FWA | 1254.9 | 1319.8 | 1282.6 | 24.5 | 7.8 |
| GA | 1493.6 | 1658.5 | 1609.9 | 122.2 | 6.6 |
| IM | 1249.2 | 1249.6 | 1249.5 | 0.2 | 3.3 |
| IM-FWA | **1205.7** | **1206.1** | **1205.9** | **0.1** | **2.7** |
| CLPSO | 1209.7 | 1230.1 | 1218.9 | 7.5 | 4.5 |
| FWA-EI | 1250.1 | 1285.1 | 1270.5 | 14.7 | 3.3 |

除了交通延迟时间以外，各交叉口车辆队列长度也是衡量交通性能的指标之一，为了能更直观地观察交口车辆队列长度随绿灯信号时长的变化，本章以图 3-8 的交叉口 5 为例，如图 3-12 和图 3-13 所示，分别绘制了高峰时期和平峰时期的车辆队列长度-绿灯信号时长的关系图。从图 3-12 和图 3-13 可以看出交叉口的绿灯信号时长是随着车辆的多少动态变化的，在低峰时期的绿灯信号时长内，车辆队列长度可以清零，而在高峰时期交叉口始终会有一些车辆在排队，但车辆数量并不多，说明交叉口的拥堵状况并不严重，从而验证了本章提出的模型

和算法是有效的。

表 3-3　平峰时期的延迟时间数据比较

| 算法 | 最好值 | 最差值 | 平均值 | 标准差 | 执行时间/s |
|---|---|---|---|---|---|
| NCS | 524.8 | 542.2 | 542.1 | 10.9 | 5.1 |
| FWA | 519.6 | 525.9 | 522.4 | 12.1 | 7.8 |
| GA | 649.2 | 811.9 | 703.6 | 65.4 | 7.2 |
| IM | 529.5 | 535.5 | 531.9 | 2.2 | 3.0 |
| IM-FWA | **516.7** | **516.8** | **516.8** | **0.03** | **2.4** |
| CLPSO | 530.1 | 542.1 | 535.9 | 19.8 | 4.5 |
| FWA-EI | 518.3 | 543.9 | 528.8 | 10.3 | 3.9 |

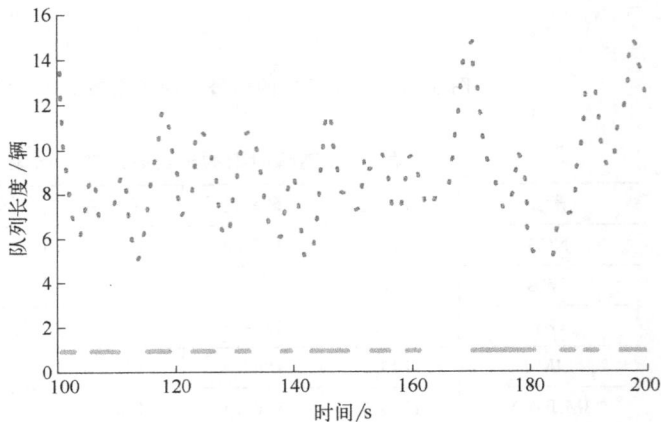

图 3-12　高峰时期的车辆队列长度-绿灯信号时长关系图

　　评价交通性能的另一个指标是车辆停车次数，路网拥挤程度越高，车辆的停车次数就越多。如图 3-14 和图 3-15 所示，分别表示高峰时期和平峰时期车辆停车次数。

　　为了验证本章所提出的模型和算法在解决交通信号协同控制问题中是否有效，选取文献［77］中提出的分布式非协同优化方法作为对比。如图 3-14 和图 3-15 所示，每条车道的颜色都代表该车道上的车辆停车次数，从深绿色、浅绿色、黄色、橘黄色一直到深红色，停车次数依次增多，图中底部的色卡条中标出了每种颜色对应的停车次数。从图中各车道的颜色可以直观地看出无论是高峰时期还是平峰时期，从车辆停车次数这个指标来看，本章提出的方法明显优于分布式非协同优化方法。

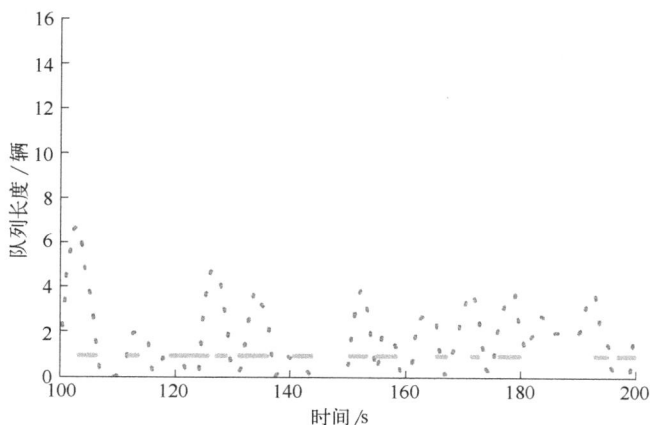

图 3-13　平峰时期的车辆队列长度-绿灯信号时长关系图

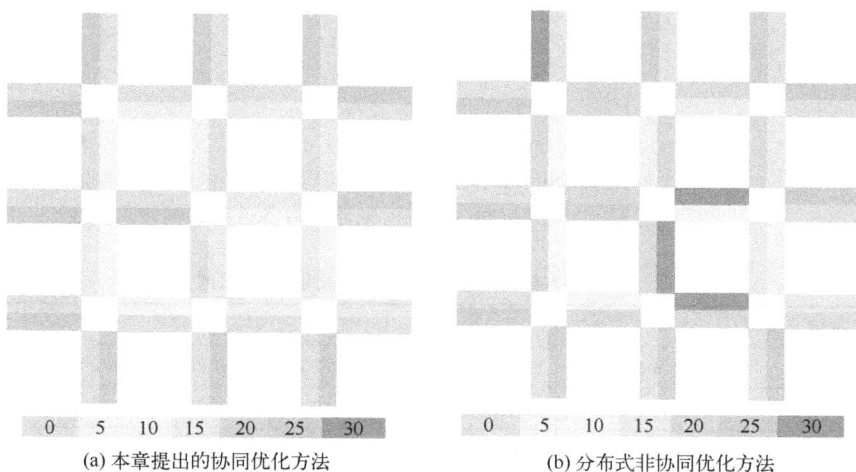

(a) 本章提出的协同优化方法　　　　　(b) 分布式非协同优化方法

图 3-14　高峰时期路网内各道路车辆停车次数

　　此外，为了进一步验证 3.4.5 小节提出的分级策略的有效性，选择了 10 个不同的时间段，每个时间段的关键交叉口都是不同的，各时间段的交通延迟时间如表 3-4 所示，表中加粗的数字代表各时间段的最小延迟时间。现以表 3-4 中第一行数据为例进行说明，表中的第一行数据代表第一个时间段，根据提出的分级策略可以判断交叉口 1 为关键交叉口，据此配置其他各交叉口相位差后对应的交通网延迟时间是1226.6s。如果没有该策略的参与，则有可能错误地选择另一个交叉口（从2～10中选择）作为相对参考相位进行相位差配置，其相应的延迟时间如表中第一行数据所示，都远大于1226.6s，其他九个时间段也同理。从表中统计数据可以看出，根据所提出的分级策略配置其他各交叉口相位差后对应的交通网内延迟时间是最小的，说明本章提出的分级策略是有效的。

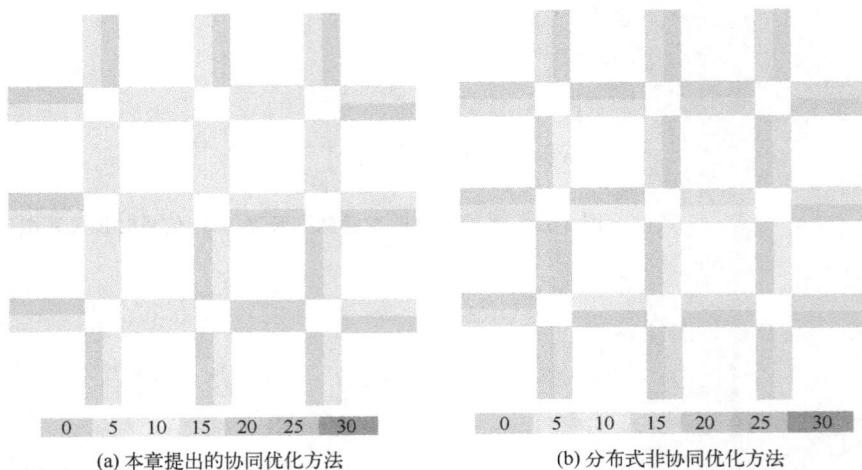

(a) 本章提出的协同优化方法　　　　(b) 分布式非协同优化方法

图 3-15　平峰时期路网内各道路车辆停车次数

表 3-4　配置相位差后的交通网延迟时间/s

| 关键交叉口 | 1 | 2 | 3 | 4 | 5 | 6 | 7 | 8 | 9 | 10 |
|---|---|---|---|---|---|---|---|---|---|---|
| 1 | **1226.6** | 2604.7 | 1747.1 | 5359.7 | 4320.2 | 2941.2 | 2562.9 | 2750.4 | 2604.0 | 1583.1 |
| 2 | 3580.5 | **1257.7** | 1286.2 | 5417.2 | 4319.8 | 2972.5 | 3280.8 | 2792.1 | 2642.4 | 1620.6 |
| 3 | 2573.1 | 2651.4 | **1266.2** | 5416.5 | 8121.7 | 3236.5 | 1288.2 | 2455.1 | 2649.3 | 1630.2 |
| 4 | 2237.5 | 2705.1 | 8221.6 | **269.1** | 4939.7 | 2544.2 | 1964.1 | 1515.1 | 1995.7 | 1798.2 |
| 5 | 1147.3 | 1957.5 | 3140.7 | 2277.2 | **173.0** | 1493.2 | 1964.1 | 1512.2 | 1972.8 | 1798.3 |
| 6 | 333.3 | 863.2 | 311.1 | 1210.1 | 2218.7 | **137.5** | 1841.7 | 1100.2 | 1923.9 | 997.9 |
| 7 | 856.1 | 1053.8 | 934.4 | 2246.1 | 371.3 | 1338.1 | **303.8** | 1373.4 | 1159.8 | 1518.6 |
| 8 | 6536.1 | 6937.8 | 14857 | 37775 | 9948.3 | 7087.1 | 5264.5 | **4158.6** | 6232.2 | 5053.9 |
| 9 | 3202.6 | 2369.8 | 8679.6 | 15919 | 4258.9 | 5404.6 | 1867.0 | 2591.6 | **995.2** | 1581.3 |
| 10 | 3898.6 | 2030.8 | 5610.4 | 13859 | 8676.3 | 3631.6 | 3066.0 | 2868.6 | 1838.8 | **1560.3** |

## 3.6.3 标准函数下的仿真与分析

3.6.2 小节中的仿真实验表明，本章提出的基于免疫的烟花算法在求解交通模型时具有良好的性能，为了进一步测试该算法在目标函数发生变化时是否还具有良好的性能（即算法的通用性），如表 3-5 所示，本章用 8 个标准函数来进一步评估所提出的基于免疫的烟花算法，并且仍然选取 CLPSO、FWA-EI、GA、IM、FWA 和 NCS 等六种算法作为对比算法。

表 3-5　用于测试的八个标准函数

| 函数名 | 标准函数 | 定义域 | 最小值 |
|---|---|---|---|
| Sphere | $f_1 = \sum x_i^2$ | $(-100, 100)$ | 0 |
| Rosenbrock | $f_2 = \sum [100(x_{i+1} - x_i^2)^2 + (x_i - 1)^2]$ | $(-30, 30)$ | 0 |
| Alpine | $f_3 = \sum |x_i \sin x_i + 0.1 x_i|$ | $(-10, 10)$ | 0 |
| Ackley | $f_4 = 20 - 20 e^{-0.2} \sqrt{\frac{1}{n} \sum x_i^2} + e - e^{\frac{1}{n} \sum \cos(2\pi x_i)}$ | $(-32, 32)$ | 0 |
| Rastrigin | $f_5 = \sum [x_i^2 + 10 - 10 \cos(2\pi x_i)]$ | $(-5.21, 5.21)$ | 0 |
| SDP | $f_6 = \sum |x_i|^{i+1}$ | $[-1, 1]$ | 0 |
| Griewank | $f_7 = \frac{1}{4000} \sum x_i^2 - \prod \cos \frac{x_i}{\sqrt{i}} + 1$ | $(-600, 600)$ | 0 |
| Schwefel | $f_8 = \sum |x_i| + \prod |x_i|$ | $(-10, 10)$ | 0 |

在进化算法中，种群规模以及目标函数变量的维度可能对算法的性能造成影响，因此该实验被分为两组：①种群规模为 20，目标函数变量维度为 10，迭代次数为 1000；②种群规模为 50，目标函数变量维度为 30，迭代次数为 1000。因为这类进化算法都属于随机搜索算法，为了减小实验误差，令每个算法执行 50 次，然后计算其平均值和标准差。第一组的实验数据统计结果如表 3-6 所示。第二组实验数据统计结果如表 3-7 所示。

表 3-6　标准函数的优化结果比较（$D = 10$，$N = 20$）

| 标准函数 | 评价指标 | FWA | FWA-EI | IM | IM-FWA | GA | NCS | CLPSO |
|---|---|---|---|---|---|---|---|---|
| Sphere | 平均值 | 5.13E+00 | 4.99E-02 | 4.42E-02 | **6.01E-53** | 1.03E+03 | 2.99E-01 | 4.77E+00 |
| | 标准差 | 6.16E+00 | 1.19E+00 | 1.32E-01 | **4.16E-52** | 5.22E+02 | 5.99E-01 | 8.32E+00 |

| 标准函数 | 评价指标 | FWA | FWA-EI | IM | IM-FWA | GA | NCS | CLPSO |
|---|---|---|---|---|---|---|---|---|
| Rosenbrock | 平均值 | 2.34E+02 | 3.85E+01 | 5.02E+01 | **4.36E+00** | 4.67E+04 | 8.11E+01 | 3.14E+02 |
| | 标准差 | 2.45E+02 | 9.15E+01 | 6.78E+01 | **2.21E+00** | 6.33E+04 | 3.26E+02 | 2.98E+02 |
| Alpine | 平均值 | 5.55E−01 | 4.66E−01 | 3.26E−01 | **2.31E−12** | 4.34E−01 | 3.24E−01 | 8.44E−01 |
| | 标准差 | 7.01E−01 | 5.34E−01 | 4.28E−01 | **3.34E−12** | 3.23E−01 | 4.78E−01 | 9.25E−01 |
| Ackley | 平均值 | 4.11E+00 | 7.23E+00 | 1.46E+00 | **6.88E−01** | 2.51E+01 | 3.43E+00 | 3.32E+00 |
| | 标准差 | 2.28E+00 | 2.74E+00 | 3.66E+00 | 4.19E+00 | 3.62E+00 | 1.57E+00 | **1.49E+00** |
| Rastrigin | 平均值 | 3.03E+01 | 1.55E+01 | 2.32E+01 | **1.04E+00** | 2.56E+01 | 2.52E+01 | 2.78E+01 |
| | 标准差 | 4.35E+00 | 5.68E+00 | 4.93E+00 | **2.98E+00** | 5.06E+00 | 7.34E+00 | 7.88E+00 |
| SDP | 平均值 | 6.73E−07 | 7.61E−08 | 6.31E−08 | **5.56E−62** | 4.77E−05 | 6.21E−08 | 5.32E−07 |
| | 标准差 | 2.14E−06 | 2.97E−07 | 3.62E−07 | **4.33E−62** | 7.78E−05 | 1.65E−07 | 2.82E−06 |
| Griewank | 平均值 | 4.32E−01 | 5.41E−01 | 3.12E−01 | **7.67E−02** | 6.12E+01 | 4.32E−01 | 3.52E−01 |
| | 标准差 | 3.01E−01 | 3.77E−01 | 1.03E−01 | **4.33E−02** | 1.87E+01 | 2.76E−01 | 3.31E−01 |
| Schwefel | 平均值 | 4.12E−01 | 3.36E−01 | 2.98E−01 | **2.53E−31** | 3.59E+00 | 5.83E−01 | 8.77E−01 |
| | 标准差 | 3.23E−01 | 4.46E−01 | 4.02E−01 | **4.78E−31** | 3.54E+00 | 6.18E−01 | 5.42E−01 |

**表 3-7 标准函数的优化结果比较（$D=30$，$N=50$）**

| 标准函数 | 评价指标 | FWA | FWA-EI | IM | IM-FWA | GA | NCS | CLPSO |
|---|---|---|---|---|---|---|---|---|
| Sphere | 平均值 | 3.86E+01 | 6.88E+00 | 8.87E−01 | **1.73E−08** | 2.45E+03 | 4.93E+00 | 3.73E+00 |
| | 标准差 | 2.57E+01 | 3.99E+00 | 6.99E−01 | **6.73E−08** | 6.43E+02 | 3.71E+00 | 2.72E+00 |
| Rosenbrock | 平均值 | 8.79E+02 | 2.32E+02 | 6.29E+02 | **1.65E+02** | 1.19E+06 | 3.69E+02 | 1.76E+03 |
| | 标准差 | 6.73E+02 | 2.01E+02 | 4.88E+02 | **1.77E+02** | 3.66E+05 | 3.08E+02 | 9.43E+03 |
| Alpine | 平均值 | 2.29E+01 | **1.22E+01** | 1.59E+01 | 7.78E+00 | 9.99E+01 | 9.90E+00 | 3.73E+01 |
| | 标准差 | 1.76E+01 | 8.22E+00 | 1.44E+01 | **2.25E+00** | 4.72E+01 | 3.28E+00 | 1.73E+01 |
| Ackley | 平均值 | 3.69E+00 | **7.82E−01** | 4.72E+00 | 3.26E+00 | 8.40E+00 | 4.20E+00 | 5.01E+00 |
| | 标准差 | 8.64E−01 | **6.68E−01** | 7.49E−01 | 7.55E−01 | 7.98E+00 | 1.13E+00 | 5.98E+00 |
| Rastrigin | 平均值 | 2.01E+01 | 1.99E+01 | 2.14E+01 | **7.85E+00** | 2.54E+01 | 1.11E+01 | 1.32E+01 |
| | 标准差 | 1.12E+00 | 1.00E+00 | 1.23E+00 | **9.86E−01** | 2.74E+00 | 1.97E+00 | 2.12E+00 |
| SDP | 平均值 | 8.21E−06 | 6.93E−07 | 3.39E−07 | **8.12E−09** | 6.26E−06 | 5.01E−06 | 3.44E−06 |
| | 标准差 | 3.84E−05 | 3.22E−06 | 3.52E−08 | **2.21E−09** | 8.19E−06 | 6.54E−06 | 7.28E−06 |
| Griewank | 平均值 | 4.25E−01 | 2.16E−01 | 3.98E−01 | **7.26E−02** | 7.51E+00 | 6.03E−01 | 3.81E+00 |
| | 标准差 | 3.06E−01 | 1.13E−01 | 3.01E−01 | **5.12E−02** | 6.12E+00 | 2.95E−01 | 1.34E+00 |

| 标准函数 | 评价指标 | FWA | FWA-EI | IM | IM-FWA | GA | NCS | CLPSO |
|---|---|---|---|---|---|---|---|---|
| Schwefel | 平均值 | 2.63E−01 | **1.79E−01** | 7.57E−01 | 8.55E−01 | 5.52E+00 | 1.83E−01 | 4.51E−01 |
| | 标准差 | 3.13E−01 | 2.36E−01 | 8.54E−01 | **2.32E−01** | 5.26E+00 | 1.88E−01 | 5.28E−01 |

从表 3-6 和表 3-7 可以看出，当种群规模为 20，目标函数变量维度为 10 时，IM-FWA 算法除了在 Ackley 函数上的标准差略差于 CLPSO 算法，在其他标准函数上的平均值和标准差都较好。当种群规模为 50，目标函数变量维度为 30 时，IM-FWA 算法除了在 Ackley 函数上的平均值和标准差略差于 FWA-EI 算法，在 Alpine 和 Schwefel 函数上的平均值略差于 FWA-EI 算法，在其他标准函数上的平均值和标准差都较好。该数据说明本章提出的 IM-FWA 算法在求解精度和标准差方面总体上较好，鲁棒性更强，性能更稳定。

# 3.7
# 本章小结

本章研究了基于车流动力学建模的交通信号协同控制问题。首先，提出了一种半分布式三层框架，该框架将交通网分解为若干个子区域，在有效地降低了计算复杂度的同时也提高了系统的容错能力，在此框架下根据车流的动力学特性建立了全新的交通信号协同优化模型，该模型主要由两部分组成：一是单交叉口的绿信比延迟模型；二是相邻交叉口的相位差延迟模型。这两部分分别用来优化各交叉口自身的绿灯配时以及交叉口间的相位差。除此之外，本章还对公共周期模型作出了改进，使公共周期长度设置更加合理，提高了系统的协调性。其次，针对交通网内各交叉口进行信号协同控制时极易出现的相位差冲突问题，提出了一种分级策略，在此策略下实现了相位差的最优配置，提高了各交叉口之间信号配时的协同性。最后，为了对提出的模型进行优化求解，提出了一种全新的基于免疫的烟花算法。

在仿真结果方面：第一，利用基于免疫的烟花算法对交通信号协同优化模型和改进的公共周期模型进行了求解，实验结果显示所提出的算法与 CLPSO、FWA-EI、GA、IM、FWA 和 NCS 等六种算法相比，在收敛性、求解精度以及鲁棒性方面都较好；第二，通过车辆队列长度和车辆停车次数的统计数据可以看出，提出的模型和算法在解决交通拥堵时有更好的效果；第三，对本章中提出的用于解决相位差冲突的分级策略进行了仿真，从统计数据中可以看出该方法是有效的。最后，为了进一步测试提出的算法的性能，仍用提出的基于免疫的烟花算法与其他六种算法在八个标准测试函数上做了仿真，仿真数据表明所提出的算法在鲁棒性和求解精度方面仍优于其他六种算法，算法的通用性较好。

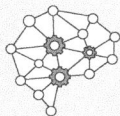

# 第 4 章

# 基于深度强化学习的单智能体
# 交通信号控制

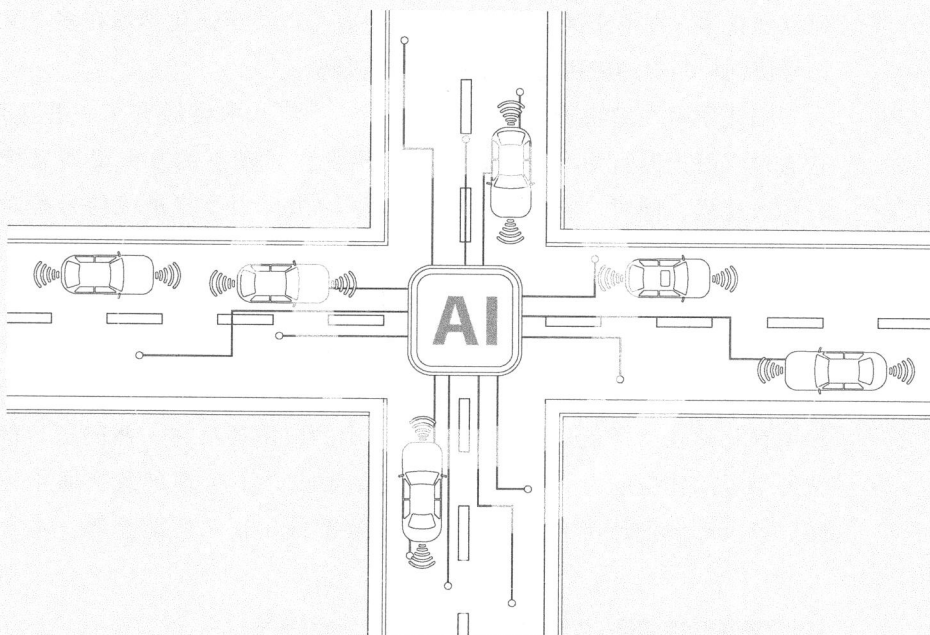

# 4.1
# 引言

　　第 3 章中是以车流动力学建模的方式对交通信号的绿信比和相位差进行优化。但是通过建立车流动力学模型解决交通信号控制问题存在许多的局限性，主要包括四个方面：①各交叉口分布广泛且交通状况复杂[32,137-140]，难以建立准确的模型；②对优化算法要求过高且难以找到最优解；③即使建立了相对准确的动力学模型并找到了相应的优化算法，但由于每个区域的交通状况差别很大，交通模型不具有普遍适用性；④动力学建模主要是建立在中观层面的，对交叉口的车辆信息获取并不全面，建立的模型必然也存在偏差。本章主要针对后三个局限性，尝试一种新的研究方法，从以车流为观察对象这种中观层面转换到以每辆车为观察对象的微观层面来解决信号控制问题，并采用了近年来兴起的强化学习算法。第 3 章中使用的传统建模方法研究较多，因而略过了单交叉口信号控制问题，直接对多交叉口信号协同控制问题进行建模研究。然而，用强化学习解决交通信号控制问题还处于探索阶段，因此本章首先研究强化学习在单交叉口信号控制中的应用，关于强化学习在多交叉口信号协同控制中的应用将在后续章节中讲解。

　　强化学习在解决交通信号控制问题[141-144] 中已经有了一些应用，它通过学习控制行为和由此产生的车辆变化对动态的复杂交通系统进行隐式建模。同时，它从学习到的输入-输出对中寻找最优信号配时方案。基于强化学习的交通信号控制的难点主要在于，随着所考虑的车辆状态和控制动作数量的增加，信号配时方案的复杂性大幅提升。近年来，人们把深度学习和强化学习相结合提出了深度强化学习方法，该方法在同时解决复杂系统建模和优化问题时具有较大的优势。当前深度强化习在交通信号控制[52,145,146] 中的应用还存在一些问题，例如交通信号动作空间设计不合理和奖励函数设计不合理导致交通指标下降，以及算法设计不合理导致的收敛效率低，收敛性能差等。本章以接近信号交叉口的车辆以及单交叉口的信号灯的状态为观察对象。首先对单交叉口信号控制问题的状态空间、动作空间以及奖励函数进行了重新设计，更加充分地利用了交叉口附近车辆的信息，从微观层面实现了交通信号控制，改善了交通性能指标。其次，提出了一种全新的强化学习算法，该算法首次应用于交通信号控制问题中并解决了目前主流的深度强化学习算法收敛效率低和收敛性能差的问题。

本章的主要内容包括：

① 首次考虑有行人穿越交叉口的情况下定义了动作空间。行人穿越交叉口是不可避免的因素，如果不能合理处理行人问题，不仅威胁到行车安全，更会显著地增大车辆延迟。本章通过在绿灯相位中加入闪烁禁止步行时间，避免了潜在的安全问题以及由此产生的延迟问题。

② 从不同的角度刻画了三种奖励函数，并通过后续实验分析了三种奖励函数对交通性能指标以及相应算法的影响。

③ 提出了一种累积延迟近似方法，使得接近交叉口的车辆累积延迟测量变得切实可行，并通过实验证明该方法是有效的。

④ 提出了一种基于动态权重的 soft actor-critic 算法。该算法中加入的动态权重机制在智能体采取的动作有助于系统性能的提高时，则增强更新范围，否则减小更新范围，显著地提高了算法的收敛效率和收敛性能。

# 4.2
# 基于马尔可夫决策过程的交通信号控制问题描述

基于马尔可夫决策过程的概念，把交通信号控制问题建模为可用深度强化学习求解的关键元素，包括交通控制问题的状态空间、动作空间以及奖励函数等。

## 4.2.1  状态空间

车辆的队列长度能相对紧凑和全面地反映交叉口的交通情况。较长的队列长度说明此时的交通需求过高或者车辆的等待时间较长，这两种情况都为智能体选取下一个相位动作提供了合理的参考。这里将交叉口车辆的行驶方向，即信号灯的切换相位划分为八种情况（北、北向左转、南、南向左转、东、东向左转、西、西向左转），计算每个行驶方向上排队车辆的数量，并将其作为环境状态。

然而，仅仅把队列长度作为环境状态是不够的。智能体必须知道当前所处的相位状态，即当前绿灯相位，以便作出合理的决策。相位的切换对交叉口的状态影响很大，如果智能体没有把当前绿灯相位作为环境状态的一部分，它就不可能知道哪个动作延长了当前相位时间，哪个动作切换到了其他相位。例如，假设当前相位 2 是绿灯，智能体希望根据队列长度采取行动，如果智能体选择相位 2 作为下一个动作，则将对相位 2 的绿灯时间进行扩展，如果智能体选择相位 2 以外的其他相位，那么它将考虑切换时间间隔和最小绿灯时间。智能体必须知道当前所处的绿色相位，才能预测它将面临两种情况中的哪一种。换句话说，在相同的队列长度下，根据不同的绿灯相位，智能体会作出完全不同的动作。因此，除了队列长度之外，还应在环境状态空间中加入了当前绿灯相位状态 $P_g^k$。

另外，帮助智能体找到最优动作策略的最后一个信息是当前的绿灯信号已经经过的时间 $E_g^k$。当某一相位的信号灯切换到绿灯时，该相位方向上的车队开始移动并逐渐消散。此时，如要判断车队是否已经全部通过交叉口就需要用到时间 $E_g^k$。这是判断车队是否完全通过交叉口的唯一指标。这里举个例子，想象一个场景，在该场景中北行的车流中有 40 辆车在排队，这 40 辆车需要 60s 才能全部通过交叉口。如果智能体此时将北行相位的信号切换为绿色，在最小绿灯时间（例如 20s）之后，智能体需要采取下一个动作。在此期间，车辆都在加速并向前行驶，当车辆的行驶速度超过预定义的速度阈值 $sp_q$ 时（车辆速度阈值的定义将在后续 4.2.3 小节中详细讲解），则认为车辆不在队列中，如果此时速度都超过了 $sp_q$，则按照此定义车辆队列长度为 0。这时就无法区分车辆队列长度为 0 是由于之前的车队长度定义导致的还是车队内车辆确已完全通过了交叉口。因此，综合以上情况将状态空

间定义为

$$S^k = \{q_1^k, \cdots, q_m^k, P_g^k, E_g^k\} \tag{4-1}$$

式中，$q_m^k$ 是时间步为 $k$，车辆行驶方向为 $m$ 时的车辆数；$P_g^k$ 是当前绿灯相位；$E_g^k$ 是当前绿灯相位经过的时间。需要强调的是，这里 $k$ 是智能体的时间步，与环境的时间步 $t$ 是不同的，因为在无动作期间智能体处于保持状态，不会注意到时间的流逝。

## 4.2.2　动作空间

本章选择基于可变相序的交通信号切换策略作为动作空间，不受相序约束的信号切换策略不仅能提高交叉口智能体的控制灵活性，还能实时反映当前交叉口的车流量情况，提高车辆通过率。需要注意的是，在许多地区，出于行车安全考虑不允许采用可变相序的交通信号控制。此外，一些城市也可能对不同情况下的可变相序控制采取不同的规则和限制措施，这里不考虑这些限制因素。

首先介绍信号相位方案，在每一个时间步，智能体都为可能的相位提供绿灯信号。因此，智能体的动作集就是预定义的相位集，同时每个相位都是车辆行驶方向的子集。本章选定的主要交叉口共有 12 个车辆行驶方向，具体每个行驶方向如表 4-1 所示。

表 4-1　车辆的行驶方向

| 北行 | 东行 | 西行 | 南行 |
| --- | --- | --- | --- |
| 1. 右转（NR） | 4. 右转（ER） | 7. 右转（WR） | 10. 右转（SR） |
| 2. 直行（N） | 5. 直行（E） | 8. 直行（W） | 11. 直行（S） |
| 3. 左转（NL） | 6. 左转（EL） | 9. 左转（WL） | 12. 左转（SL） |

表 4-1 中，N、E、W、S 分别代表北行、东行、西行和南行，R 表示右转，L 表示左转。例如，行驶方向 1（NR）表示从南向北行驶并逐渐接近交叉口，并希望在交叉口右转。

根据表 4-2 所示的美国国家电气制造商协会建议的标准来定义相位方案，中等优先级的行驶方向必须让位给高优先级的行驶方向，低优先级的行驶方向必须让位给高优先级和中等优先级的行驶方向。在每个相位，未提及的行驶方向被禁止，右转不做限制。基于以上标准，本章定义的相位选择方案如表 4-3 所示。

表 4-2　每个信号相位的车辆行驶方向优先级

| 相位序号 | 高优先级 | 中优先级 | 低优先级 |
|---|---|---|---|
| 1 | NL,SL | NR,ER,WR,SR | — |
| 2 | S,SL | NR,ER,WR,SR | — |
| 3 | N,NL | NR,ER,WR,SR | — |
| 4 | N,S | NR,ER,WR,SR | NL,SL |
| 5 | EL,WL | NR,ER,WR,SR | — |
| 6 | E,EL | NR,ER,WR,SR | — |
| 7 | W,WL | NR,ER,WR,SR | — |
| 8 | E,W | NR,ER,WR,SR | EL,WL |

表 4-3　每个信号相位的绿灯时间内允许的车辆行驶方向

| 相位序号 | 车辆行驶方向 | 相位示意图 | 相位序号 | 车辆行驶方向 | 相位示意图 |
|---|---|---|---|---|---|
| 1 | NL+SL | | 5 | EL+WL | |
| 2 | S+SL | | 6 | W+WL | |
| 3 | N+NL | | 7 | E+EL | |
| 4 | S+N+SL+NL | | 8 | W+E+WL+EL | |

在可变相序方案中，交通信号控制器即智能体每一秒或几秒采取一次行动，用于判断下一个绿灯相位。但是，当交通信号正在经历黄灯、全红灯或最小绿灯时间时，智能体不能立即采取下一个动作。这里可以将智能体的动作分为两种，一种是延长当前相位的绿灯时长，

另一种是切换到下一个相位。如果当前绿灯相位是相位 $i \in \Phi$（$\Phi$ 是可能相位的集合），并且智能体选择的下一个相位仍然是 $i$ 时，则把当前绿色相位 $i$ 的时长延长一秒。如果当前的绿色相位是 $i$，并且智能体将选择另一个绿灯相位 $j \neq i$，$\forall j \in \Phi$，则该信号必须经过预定义的黄灯时间 $y$、全红灯时间 $R$ 和切换到下一个绿灯相位前的最短绿灯时间 $G_j$，在此期间智能体不采取任何动作。

在这种情况下，动作空间为

$$A = \{1, 2, \cdots, P\} \tag{4-2}$$

式中，$P$ 是可供选择的相位序号。

间隔时间可以表示为

$$\Delta t = \begin{cases} y + R + G_j, a^k = j \neq a^{k-1} \\ 1, a^k = a^{k-1} \end{cases} \tag{4-3}$$

式中，$a^k$ 是智能体在时间步 $k$ 采取的动作；$G_j$ 通常是根据行人穿越交叉口的安全时间确定的。行人安全时间由两部分组成：步行时间间隔和闪烁禁止步行时间间隔。步行时间间隔是行人收到的可正常步行的信号时间，通常至少持续 4s，以便让行人有足够的时间注意到信号的变化，并离开路边开始穿越。闪烁禁止步行时间是为了让行人有足够的时间在信号改变之前离开交叉口并到达街道的另一侧，其保证行人能够安全地通过交叉口，计算公式如下：

$$fdw = \frac{w}{s_w} \tag{4-4}$$

式中，$w$ 是街道的宽度；$s_w$ 是平均步行速度（通常选择 1m/s）。

黄灯时间是一个预先设定好的时间段，紧接在切换为红灯之前，用于向驾驶员发出警示信号。全红灯时间发生在每次相位切换时，黄色时间之后和下一个绿灯之前（按照黄-红-绿的顺序），其作用是在下一相位获得绿灯之前为仍在交叉口中间的车辆提供一些放行时间。

## 4.2.3 奖励函数

本章定义了三种不同的奖励函数。交通信号控制最重要的指标之一是车辆通过交叉口之前排队等候的时间即车辆延迟时间，本章定义三种奖励函数的目的就是通过实验分析选择最优的一种来最大限度地减少交叉口的车辆延迟时间。

### （1）奖励函数 1

奖励函数 1（reward1，R1）定义为交叉口处两个连续动作之间累积延迟差值的平均变化率。需要注意的是，信号的扩展动作和切换动作的时间间隔（一个动作和下一个动作之间的时间）是不同的，因此使用累积延迟差值的平均变化率来表示更准确。

每当车辆接近交叉口时，该车辆在环境中被监控以记录其速度和延迟。因此，在每个时间步，都有一个接近该交叉口的所有车辆的清单 $VL^t = \{u \mid$ 时间步为 $t$ 时，在交叉口的车辆 $u\}$ 记录其速度 $v_u^t$ 和延迟 $d_u^t$。根据车辆的行驶方向来区分交叉口的车辆，并用 $M$ 来表示车辆在交叉口的行驶轨迹，在一个标准的四方向交叉口，$M = \{N, NL, S, SL, W, WL, E, EL\}$。其中，$N$、$S$、$W$、$E$ 分别代表北行、南行、西行、东行，$L$ 代表左转，从而有 $VL^t = \bigcup_{m \in M} VL_m^t$。因此，交叉口在时间步 $t$ 的累积延迟 $CD^t$ 可以表示为

$$CD^t = \sum_{u \in VL^t} d_u^t = \sum_{m \in M} \sum_{u \in VL_m^t} d_u^t = \sum_{m \in M} CD_m^t \tag{4-5}$$

式中，$CD_m^t$ 表示时间步为 $t$，行驶方向为 $m$ 时的车辆累积延迟。

接下来，将讨论如何计算每辆车的延迟 $d_u^t$。这里只考虑车辆在排队时被延迟，即因为交通信号而被延迟。因此，本章引入变量 $inq_u^t$ 来表示在时间步为 $t$ 时车辆是否在队列中。只有当车辆速度 $sp_u^t$ 低于预先定义的队列速度阈值 $sp_q$ 时，车辆才被视为在队列中。变量 $inq_u^t$ 可以表示为

$$inq_u^t = \begin{cases} 1, sp_u^t < sp_q \\ 0, sp_u^t \geqslant p_q \end{cases} \tag{4-6}$$

因此有：

$$d_u^t = d_u^{t-1} + inq_u^t; d_u^0 = 0 \quad \forall u \in VL^t \tag{4-7}$$

很明显，当车辆通过停车线并离开交叉口时，它将不再位于交叉口的车辆集合中 $VL^t$ 中。在每个时间步 $t$ 交叉口都有累积延迟，因此奖励函数可以表示为

$$r^k = \begin{cases} CD^{k-1} - CD^k, a^k = a^{k-1} \\ \dfrac{CD^{k-1} - CD^k}{y + R + G_j}, a^k = j \neq a^{k-1} \end{cases} \qquad (4\text{-}8)$$

### （2）奖励函数 2

奖励函数 2（reward 2，R2）定义为交叉口队列长度的总和。首先关注车辆在交叉口的某一次行驶轨迹，为了简单起见，假设与交叉口相连接的道路为单车道。如图 4-1 所示为与交叉口相连的一条道路在不同时间步的车辆队列情况。蓝色的车辆在队列中处于停止状态，橙色的车辆处于移动状态。从时间步 $t_1$ 到 $t_9$，当信号灯为红色时，队列中的静止车辆随着时间增加，信号灯变为绿色后，队列中的车辆开始移动，静止的车辆逐渐消失。红色虚线表示静止车辆队列的后部，黑色虚线表示静止车辆队列的前部。两条线之间的距离就是车辆队列长度。

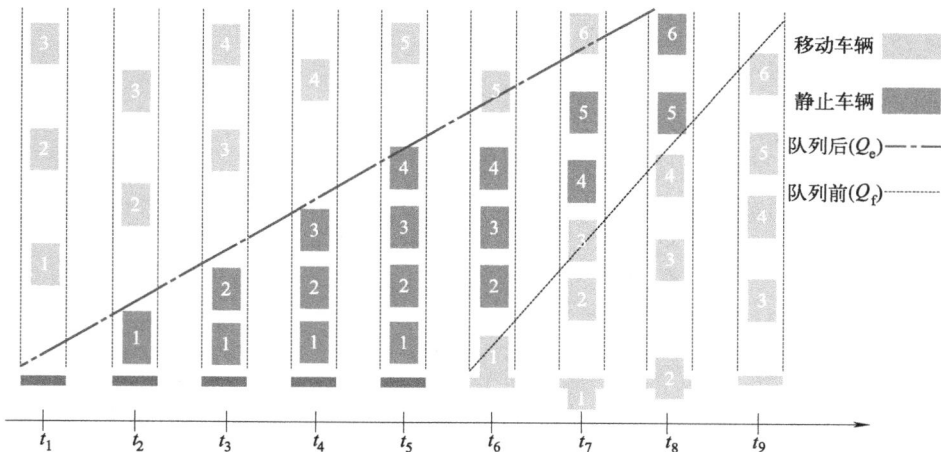

图 4-1　与交叉口相连的一条道路在不同时间步的车辆队列情况示意图

图 4-1 显示了车辆如何开始排队以及上游车辆如何加入队列。当信号灯变为绿色时，排在最前面的车辆开始移动，队列开始缩小。在图 4-1 中有两条假想的线，在不同的时间步标记队列的头部 $Q_f$ 和尾部 $Q_e$。车辆队列的末端从红色信号开始，随着车辆加入队列而向上移动。上游的车流量决定了红色虚线的斜率，上游车流量越大，排队的速度就越快，斜率越大。类似地，队列的头部从绿色信号灯开始，随着车

辆的加速移动，不再被认为在队列中。黑色虚线的斜率由交叉口的出口流量决定，通常比红色虚线的末端更陡。否则，队列不会消失，而是不断增长。从该图可以看出 1 号车辆的延迟是其在队列中花费的时间，即 $t_5 - t_1$ 或者是 $Q_f$ 和 $Q_e$ 之间的水平距离，其他车辆的延迟同理。

图 4-2 为与交叉口相连的道路的累积延迟示意图。道路的累计延迟是该车道上车辆延迟的总和，也可以通过对队列长度求和来计算延迟。周期 1 中的车队移动累积延迟 $CD_m^{c_1}$ 是该周期内所有排队车辆的延迟的总和 $CD_m^{c_1} = d_1 + d_2 + d_3 + d_4 + d_5 + d_6$。该延迟总和等于队列的头部 $Q_f$ 和尾部 $Q_e$ 两条线之间的面积 $A_m^1$。类似地，对任意的信号周期 $k$，在该行驶轨迹下，排队车辆产生的累积延迟都等于这两条线以及时间轴围成区域的面积。因此，本章的目标就是最小化这些区域的总和，从而最小化该交叉口的累积延迟。

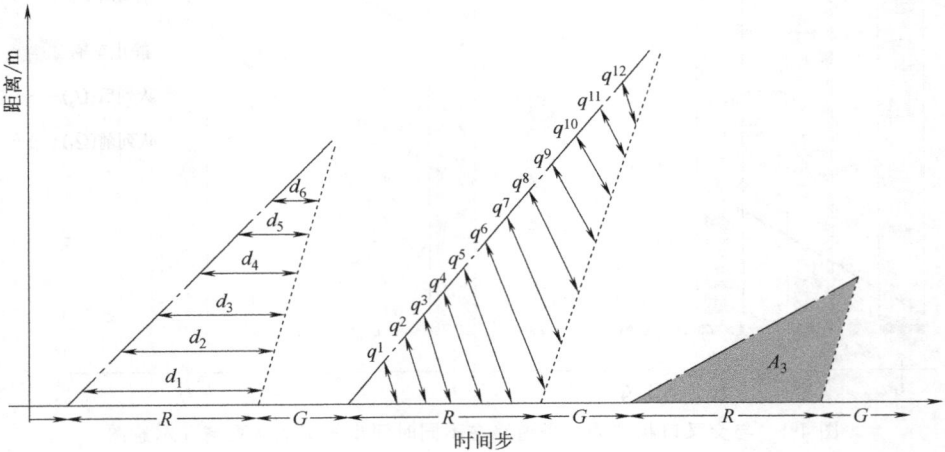

图 4-2　与交叉口相连的道路的累积延迟

在图 4-2 中，对于第二个公共周期，将图分成不同的时间步，对于每个时间步，队列的前部和尾部之间的距离显然是队列长度。如果将不同时间步的所有队列长度加在一起，就会得到 $Q_f$ 和 $Q_e$ 之间的面积，可以表示为

$$CD = \sum_{m \in M} CD_m = \sum_{m \in M} \sum_{c=1}^{C} A_m^c = \sum_{m \in M} \sum_{t=1}^{T} q_m^t \qquad (4\text{-}9)$$

$$q_m^t = \sum_{u \in VL_m^t} in q_u^t \qquad (4\text{-}10)$$

式中，$CD$ 是交叉口的累积延迟；$C$ 是一个仿真时段的周期数；$T$ 是一个仿真时段的时间步数。由式（4-9）可知，为了最小化交叉口的累积延迟，可以简单地将所有移动的车队长度之和最小化。因此，在任意时间步下所有方向的车辆队列长度的总和可以定义为奖励函数，用于最小化交叉口的累积延迟，可以定义为

$$r^k = \begin{cases} -1 \times \sum_{m \in M} q_m^t, & a^k = a^{k-1} \\ -1 \times \sum_{m \in M} \sum_{p=t}^{t+y+R+G_j} q_m^p, & a^k = j \neq a^{k-1} \end{cases} \qquad (4\text{-}11)$$

### （3）奖励函数 3

奖励函数 3（reward 3，R3）定义为交叉口累积延迟的差，这第一个奖励函数非常相似，从奖励函数 1 可以看到，如果智能体采取的动作是当前相位信号的扩展，奖励仅仅是交叉口累积延迟的差值。如果智能体采取的动作是切换信号相位，则奖励是累积延迟的差值除以下一相位的黄灯、全红灯和最小绿灯时间的和。这种区分方式会导致一个无法避免的问题，即智能体采取扩展动作与切换动作的奖励具有不同的量纲，扩展动作的量纲是秒，切换动作的量纲是秒/秒（即没有单位）。将这两种具有不同量纲的奖励相互叠加是不合逻辑的。

此外，假设智能体选取的动作是切换到另外一个相位。这种情况包括两个过程：一个是智能体在较长时间 $y+R+G_j$ 下处于保持状态，期间当信号灯为红色时车辆排队导致的累积延迟显著增加；另一个是当信号灯变为绿色时，队列最前面的车辆（对累积延迟贡献最大）已经开始移动，并且很可能已经通过了交叉口，此期间累积延迟显著减少。这两个过程是发生在交叉口的车辆延迟最关键的两个过程。因此，智能体应该充分感受到这两种过程的影响（实际为绿信比的影响）。用两个周期内累积奖励的差除以智能体保持期（无行动期）会削弱这两个过程的重要性。因此，本章提出第三个奖励函数，其可以表示为

$$r^k = CD^{k-1} - CD^k\, ; \forall\, a^k \in A \tag{4-12}$$

式中，$A$ 是动作空间。

## 4.2.4  累积延迟的近似

在奖励函数 1 和 3 中，需要跟踪与交叉口相连的道路上所有接近交叉口的车辆。每辆车的延迟，即它在队列中花费的时间都要被储存。然而，在实际交通环境中这种做法有点不切实际，由于庞大的数据量和计算量，利用现有技术不可能实现实时存储并调取每辆车的延迟信息。因此，在不考虑每辆车实际延迟的情况下，提出了一种可以近似奖励函数 1 和奖励函数 3 中车辆延迟的方法。该方法仅仅需要队列长度 $q_m^t$ 和交叉口的输出车流 $O_m^t$ 即可。本章引入了一个全新的辅助变量 $z_m^t$，$m \in M$，用于表示导致延迟的车辆，其可以表示为

$$z_m^t = \begin{cases} q_m^t, & \text{信号灯为红色} \\ z_m^{t-1} - O_m^t, & \text{信号灯为绿色} \end{cases} \tag{4-13}$$

式中，$m$ 是车辆的行驶方向；$t$ 是时间步。

在该方法中，当交通灯是红色时，根据队列中的车辆数量来计算延迟。当信号灯变为绿色时，只关注那些在红灯期间进入队列的车辆，并假设每辆车产生的延迟是均匀分布的。如果在当前行驶方向上有 $O_m^t$ 辆离开了交叉口，则意味着仍然有 $Z_m^{t-1} - O_m^t$ 辆车在红灯期间被延迟。假设交叉口车队产生的延迟与停留在交叉口的车辆数是成正比的，那么当有 $O_m^t$ 辆车离开交叉口时，延迟时间 $CD_m^t$ 就减少 $\dfrac{O_m^t}{z_m^{t-1}}$，则延迟时间 $CD_m^t$ 可以表示为

$$\widehat{CD}_m^t = \begin{cases} \widehat{CD}_m^{t-1} + q_m^t, & \text{信号灯为红色} \\ \left(1 - \dfrac{O_m^t}{z_m^{t-1}}\right) CD_m^{t-1}, & \text{信号灯为绿色} \end{cases} \tag{4-14}$$

这种近似方法解决了奖励函数难以观察和计算的问题。在后续实验中，本章将进一步评估该近似方法对智能体性能的影响。

# 4.3
# 基于动态权重的 soft actor-critic 算法

soft actor-critic（SAC）算法在解决许多实际问题中都显示出了良好的效果，并得到了广泛的应用。SAC 算法是面向最大熵（maximum entropy，ME）强化学习开发的一种离线策略算法，和 DDPG 相比，SAC 使用的是随机策略，相比确定性策略具有一定的优势。具体来说，确定性策略是指这个策略对于一种状态只考虑一个最优的动作，而在许多问题中，最优的动作可能不止一个，此时就可以考虑给出一个随机策略，在每一个状态上都能输出每一种动作的概率，比如有 3 个动作都是最优的，概率一样都最大，那么就可以从这些动作中随机选择一个作为输出。而最大熵的核心思想就是不遗落任意一个有用的动作。DDPG 采用确定性策略的做法是看到一个好的就捡起来，差一点的就不要了，而最大熵是都要捡起来，都要考虑。

然而 SAC 采用的是固定学习速率，智能体无法根据即时奖励随时间步的变化来动态调整学习率，这在一定程度上影响了算法的收敛速率。为此，本章将动态权重引入 SAC 算法中，提出了一种新的深度强化学习算法叫作基于动态权重的 soft actor-critic 算法（dynamic weights soft actor-critic，DWSAC）。当智能体采取的动作明显有助于系统性能的提高时增强更新范围，否则削弱更新范围，显著提高了算法的收敛效率和收敛性能。

## 4.3.1 动态权重

为了在 SAC 算法中引入动态权重，首先需要区分在学习过程中的有用和无用信息。根据相关文献，在 Actor-Critic 框架中，智能体收集的大部分信息对 Critic 来说都没有价值。原因在于强化学习中，智能体获得的信息是稀疏的、延迟的，这导致在大多数情况下智能体不能有效地获得有用的奖励值。此外，如何让 Actor 从稀疏的奖励值中学习动作决策，是另一个需要解决的重要问题，因此需要修改算法的参数更新过程。为了更准确地更新参数，需要为智能体的用于更新网络参数的梯度分配一个权重。由于 Actor 和 Critic 参数更新的特点不同，因此需要分别为 Actor 和 Critic 分配不同的更新权重，接下来将详细介绍生成权重的过程。

首先来介绍 Critic 网络的权重，根据智能体动作执行前后的奖励值，为网络参数的更新设置一个比值，用于反映当前动作对环境影响的大小，提高算法的收敛速率。需要注意的是，在该比值的定义过程中，可以简单地使用当前奖励 $R_{\mathrm{cur}}$ 与先前奖励 $R_{\mathrm{prv}}$ 的比，但是当它们相似时，仅使用线性比不能很好地反映更新的值。因此，将比值定义为

$$Ratio_c = \begin{cases} 1, \mathcal{R}_{\mathrm{prv}} = 0 \\ \exp(\mathcal{R}_{\mathrm{cur}}/\mathcal{R}_{\mathrm{prv}} - 1), \mathcal{R}_{\mathrm{cur}}/\mathcal{R}_{\mathrm{prv}} > 1 \\ \mathcal{R}_{\mathrm{cur}}/\mathcal{R}_{\mathrm{prv}}, \mathcal{R}_{\mathrm{cur}}/\mathcal{R}_{\mathrm{prv}} \leqslant 1 \end{cases} \tag{4-15}$$

有了比值的定义，就可以用它来给梯度赋权重。根据文献 [147] 中的 Critic 网络参数更新公式：$\theta_i \leftarrow \theta_i - \lambda_Q \hat{\nabla}_{\theta_i} J_Q(\theta_i)$，$i \in \{1, 2\}$ 和式（4-15），Critic 网络参数的更新可以改写为如下形式：

$$\theta_i \leftarrow \theta_i - \varepsilon_c \min(Ratio_c, \xi_c) \hat{\nabla}_{\theta_i} J_Q(\theta_i), i \in \{1, 2\} \tag{4-16}$$

式中，$\theta_i$ 是 Critic 网络的参数；$\varepsilon_c$ 是 Critic 网络的学习率。为了防止在一次更新有较大的变化，还提出了一个阈值 $\xi_c$ 来表示梯度更新权重的上限。

至于 Actor 网络的权重，研究中发现如果当前奖励 $R_{\mathrm{cur}}$ 与先前奖励 $R_{\mathrm{prv}}$ 的变化量很大，那么 Actor 需要大幅度更新，但是如果更新幅度太大，神经网络就会产生振荡。因此定义了一种平滑的方法来计算 Actor 的梯度权重，其可以定义为

$$Ratio_a = 1 + \frac{|\mathcal{R}_{\mathrm{cur}} - \mathcal{R}_{\mathrm{prv}}|^2}{\mathcal{R}_{\mathrm{cur}}^2 + \mathcal{R}_{\mathrm{prv}}^2} \tag{4-17}$$

根据文献 [147] 中的 Actor 参数更新公式：$\phi \leftarrow \phi - \lambda_\pi \hat{\nabla}_\phi J_\pi(\phi)$ 和式（4-17），Actor 的网络参数更新可以改写为如下形式：

$$\phi \leftarrow \phi - \varepsilon_a \min(Ratio_a, \xi_a) \hat{\nabla}_\phi J_\pi(\phi) \tag{4-18}$$

这里仍然使用阈值 $\xi_a$ 来避免 Actor 网络中的振荡。采用这种方式之后，可以高效地利用有效的资源来加快网络的收敛。

## 4.3.2　基于动态权重的 soft actor-critic 算法设计

SAC 算法使用函数逼近器对软 $Q$ 值和策略进行逼近，并使用随机梯度下降来优化两个网络。参数化之后的 $Q$ 值函数和策略函数分别为 $Q_\theta(s_t, a_t)$ 和 $\pi_\phi(a_t | s_t)$，其网络参数分别是 $\theta$ 和 $\phi$。接下来将为这些参数导出更新规则。

软状态值函数 $V(s_t)$ 可以定义为

$$V(s_t) = \mathbb{E}_{a_t \sim \pi} [Q(s_t, a_t) - \alpha \log \pi(a_t | s_t)] \tag{4-19}$$

软 $Q$ 值函数的参数可以通过最小化软贝尔曼残差来训练，其可以表示为

$$J_Q(\theta) = \mathbb{E}_{(s_t, a_t) \sim \mathcal{D}} \left\{ \frac{1}{2} \{ Q_\theta(s_t, a_t) - \{ r(s_t, a_t) + \gamma \, \mathbb{E}_{s_{t+1} \sim p} [V_{\bar{\theta}}(s_{t+1})] \} \}^2 \right\}$$

$$\tag{4-20}$$

式（4-20）中的价值函数 $V_{\bar{\theta}}(s_{t+1})$ 是通过式（4-19）的软 $Q$ 值函数的参数 $\theta$ 隐式参数化后的形式，用随机梯度对式它进行优化，可以表示为

$$\hat{\nabla}_\theta J_Q(\theta) = \nabla_\theta Q_\theta(a_t, s_t) \{ Q_\theta(s_t, a_t) - \{ r(s_t, a_t) + \gamma \{ Q_{\bar{\theta}}(s_{t+1}, a_{t+1})$$
$$- \alpha \log [\pi_\phi(a_{t+1} | s_{t+1})] \} \} \} \tag{4-21}$$

该更新利用了具有参数 $\bar{\theta}$ 的目标软 $Q$ 值函数。

对于策略，SAC 利用库尔巴克-莱布勒散度对其进行更新，可以表示为

$$\pi_{\text{new}} = \arg\min_{\pi' \in \Pi} D_{KL} \left\{ \pi'(\,\cdot\,|s_t) \, \middle\| \, \frac{\exp\left[\frac{1}{\alpha} Q^{\pi_{\text{old}}}(s_t, \,\cdot\,)\right]}{Z^{\pi_{\text{old}}}(s_t)} \right\} \tag{4-22}$$

式中，$Z^{\pi_{\text{old}}}(s_t)$ 是用于归一化分布的配分函数，其通常很难处理，但它对新策略的梯度没有贡献，通常可以忽略。

策略 $\pi$ 的参数 $\theta$ 可以通过直接最小化式（4-22）中的期望库尔巴

克-莱布勒散度来学习，可以表示为

$$J_\pi(\phi) = E_{s_t \sim \mathcal{D}}[E_{a_t \sim \pi_\phi}[\alpha \log[\pi_\phi(a_t \mid s_t)] - Q_\theta(s_t, s_t)]] \quad (4\text{-}23)$$

式中，$\alpha$ 是一个常数，其决定了熵项相对于奖励的相对重要性。

最小化 $J_\pi$ 有多种方法，策略梯度法的一种典型解决方案是使用似然比梯度估计[148]，该方案不需要通过策略和目标密度网络反向传递梯度。然而在本章中，目标密度是由神经网络表示的 $Q$ 函数并且可以被微分。因此，改为使用再参数化方法，这不仅方便而且方差估计更低。为此，利用神经网络重新参数化了策略，可以表示为

$$a_t = f_\phi(\epsilon_t; s_t) \quad (4\text{-}24)$$

式中，$\epsilon_t$ 是输入噪声，从某个固定分布（如球形高斯分布）中采样。

根据式（4-24），式（4-23）可以改写为如下形式：

$$J_\pi(\phi) = E_{s_t \sim \mathcal{D}, \epsilon_t \sim \mathcal{N}}\{\alpha \log \pi_\phi[f_\phi(\epsilon_t; s_t) \mid s_t] - Q_\theta[s_t, f_\phi(\epsilon_t; s_t)]\}$$

$$(4\text{-}25)$$

式中，$\pi_\phi$ 是根据 $f_\phi$ 隐式定义的。

式（4-24）的梯度可以表示为

$$\hat{\nabla}_\phi J_\pi(\phi) = \nabla_\phi \alpha \log[\pi_\phi(a_t \mid s_t)] + \{\nabla_{a_t} \alpha \log[\pi_\phi(a_t \mid s_t)]$$
$$- \nabla_{a_t} Q(s_t, a_t) \nabla_\phi f_\phi(\epsilon_t; s_t)\} \quad (4\text{-}26)$$

式中，$a_t$ 在 $f_\phi(\epsilon_t; s_t)$ 中被评估。这种无偏的梯度估计将 DDPG 形式的策略梯度[149] 扩展到任何易处理的随机策略。

前述算法是在给定温度的前提下学习最大熵策略，但是在实际问题中最佳温度应该根据具体问题来调整。因此，制定一个最大熵强化学习目标，自适应地调整温度具有实际意义，其中熵被视为一个约束，在该约束中策略的平均熵受到约束，而不同状态下的熵是不同的。算法的目标是找到一个奖励期望最大的随机策略，并且该策略满足熵约束的期望最小，可以表示为

$$\max_{\pi_0:T} E_{\rho\pi}\left[\sum_{t=0}^{T} r(s_t, a_t)\right] \text{s.t.} \ E_{(s_t, a_t) \sim \rho_\pi}\{-\log[\pi_t(a_t \mid s_t)]\} \geqslant \mathcal{H} \,\forall t$$

$$(4\text{-}27)$$

式中，$\mathcal{H}$ 是熵的期望的最小值。需要注意的是，对于可完全观测的马尔可夫决策过程，优化奖励期望的策略是确定性的，因此该约束通常是严格的，不需要对熵施加上限。

由于在时间步 $t$ 的策略只能影响未来的目标值，因此可以采用动态规划方法。这里将目标改写为迭代最大化的形式：

$$\max_{\pi_0}\{\mathbb{E}[r(\boldsymbol{s}_0,\boldsymbol{a}_0)]+\max_{\pi_1}\{\mathbb{E}[\dots]+\max_{\pi_T}\mathbb{E}[r(\boldsymbol{s}_T,\boldsymbol{a}_T)]\}\} \quad (4\text{-}28)$$

式（4-28）会受到熵的约束，从最后一个时间步开始，将约束最大化问题转化为对偶问题，其可以表示为

$$\max_{\pi_T}\mathbb{E}_{(\boldsymbol{s}_t,\boldsymbol{a}_t)\sim\rho_\pi}[r(\boldsymbol{s}_T,\boldsymbol{a}_T)]=\min_{\alpha_T\geqslant 0}\max_{\pi_T}\mathbb{E}[r(\boldsymbol{s}_T,\boldsymbol{a}_T)-$$
$$\alpha_T\log\pi(\boldsymbol{a}_T|\boldsymbol{s}_T)]-\alpha_T\mathcal{H} \quad (4\text{-}29)$$

$$\mathbb{E}(\boldsymbol{s}_T,\boldsymbol{a}_T)\sim\rho_\pi\{-\log[\pi_T(\boldsymbol{s}_T|\boldsymbol{s}_T)]\}\geqslant\mathcal{H} \quad (4\text{-}30)$$

式中，$\alpha_T$ 是对偶变量。由于目标是线性的且约束（熵）在 $\pi_T$ 中是凸函数，所以这里还使用了强对偶，该对偶目标与关于策略的最大熵目标密切相关，最优策略是对应于温度 $\alpha_T$：$\pi_T^*(\boldsymbol{a}_T|\boldsymbol{s}_T;\alpha_T)$ 的最大熵策略。最优对偶变量 $\alpha_T^*$ 的求解可以表示为

$$\underset{\alpha_T}{\arg\min}\,\mathbb{E}_{\boldsymbol{s}_t,\boldsymbol{a}_t\sim\pi_t^*}[-\alpha_T\log\pi_T^*(\boldsymbol{a}_T|\boldsymbol{s}_T;\alpha_T)-\alpha_T\mathcal{H}] \quad (4\text{-}31)$$

为了简化，利用了软 $Q$ 值函数的递归定义：

$$Q_t^*(\boldsymbol{s}_t,\boldsymbol{a}_t;\pi_{t+1:T}^*,\alpha_{t+1:T}^*)=\mathbb{E}[r(\boldsymbol{s}_t,\boldsymbol{a}_t)]+\mathbb{E}_{\rho_\pi}[Q_{t+1}^*(\boldsymbol{s}_{t+1},\boldsymbol{a}_{t+1})$$
$$-\alpha_{t+1}^*\log\pi_{t+1}^*(\boldsymbol{a}_{t+1}|\boldsymbol{s}_{t+1})] \quad (4\text{-}32)$$

式中，$Q_T^*(\boldsymbol{s}_T,\boldsymbol{a}_T)=\mathbb{E}[r(\boldsymbol{s}_T,\boldsymbol{a}_T)]$。在熵的约束下再次使用对偶问题，可以得到：

$$\max_{\pi_{T-1}}\{\mathbb{E}[r(\boldsymbol{s}_{T-1},\boldsymbol{a}_{T-1})]+\max_{\pi_T}\mathbb{E}[r(\boldsymbol{s}_T,\boldsymbol{a}_T)]\}$$
$$=\max_{\pi_{T-1}}[Q_{T-1}^*(\boldsymbol{s}_{T-1},\boldsymbol{a}_{T-1})-\alpha_T\mathcal{H}]$$
$$=\min_{\alpha_{T-1}\geqslant 0}\max_{\pi_{T-1}}\{\mathbb{E}[Q_{T-1}^*(\boldsymbol{s}_{T-1},\boldsymbol{a}_{T-1})]-$$
$$\mathbb{E}[\alpha_{T-1}\log\pi(\boldsymbol{a}_{T-1}|\boldsymbol{s}_{T-1})]-\alpha_{T-1}\mathcal{H}\}+\alpha_T^*\mathcal{H} \quad (4\text{-}33)$$

这样就可以在时间上回溯，递归地优化式（4-29）。需要注意的是，在时间步 $t$ 的最优策略是对偶变量 $\alpha_t$ 的函数。类似地，可以在求解

$Q_t^*$ 和 $\pi_t^*$ 之后，再求解最优对偶变量 $\alpha_t^*$，可以表示为

$$\alpha_t^* = \underset{\alpha_t}{\arg\min}\, \mathbb{E}_{a_t \sim \pi_t^*}\left[-\alpha_t \log \pi_t^*\left(a_t \mid s_t; \alpha_t\right) - \alpha_t \overline{\mathcal{H}}\right] \tag{4-34}$$

式（4-34）中的解以及前面描述的策略和软 $Q$ 函数的更新构成了该算法的核心。理论上，准确地递归求解它们，优化了式（4-29）中最优熵约束的最大期望奖励目标，但实际上需要借助函数逼近器和随机梯度下降。

在本算法中，利用两个软 $Q$ 值函数来减轻策略改进步骤中的正偏差，这种偏差会降低基于值的方法的性能[150,151]，具体来说是用参数 $\theta_i$ 来参数化两个软 $Q$ 值函数，并且独立地训练它们来优化 $J_Q(\theta_i)$，接着把软 $Q$ 值函数的最小值代入式（4-21）和式（4-26）中分别求解随机梯度和策略梯度。

除了软 $Q$ 值函数和策略，还通过最小化式（4-34）中的对偶目标来学习 $\alpha$，这可以通过近似双梯度下降来实现[150,151]。尽管完全优化原始变量是不切实际的，但在凸性假设下，执行不完全优化的截断版本（甚至对于单个梯度步长）可以被证明是收敛的[150,151]。虽然这些假设不适用于神经网络等非线性函数逼近器的情况，但在实践中发现这种方法仍然有效。因此，关于计算 $\alpha$ 的梯度目标可以表示为

$$J(\alpha) = \mathbb{E}_{a_t \sim \pi_t}\left[-\alpha \log \pi_t\left(a_t \mid s_t\right) - \alpha \overline{\mathcal{H}}\right] \tag{4-35}$$

结合 4.3.1 小节中提出的动态权重，本小节提出了 DWSAC 算法，算法的伪代码如算法 4-1 所示。

---

算法 4-1　DWSAC 算法

---

**Input**：初始参数 $\theta_1$，$\theta_2$，$\phi$

**Output**：训练后的参数 $\theta_1$，$\theta_2$，$\phi$

1　初始化参数 $\boldsymbol{\theta}_1$，$\boldsymbol{\theta}_2$，$\phi$

2　初始化目标网络参数 $\overline{\theta}_1 \leftarrow \theta_1$，$\overline{\theta}_2 \leftarrow \theta_2$

3　初始化一个空的经验回放池 $\mathcal{D} \leftarrow \phi$

4　**for** 每一次迭代 **do**

5　　**for** 每个环境步 **do**

6　　　根据当前策略获取动作 $a_t \sim \pi_\phi\left(a_t \mid s_t\right)$

7　　　从环境中获得下一个状态 $s_{t+1} \sim p\left(s_{t+1} \mid s_t, a_t\right)$

---

| 8 | 储存到经验回放池 $\mathcal{D} \leftarrow \mathcal{D} \cup \{(s_t, a_t, r(s_t, a_t), s_{t+1})\}$ |
| :--- | :--- |
| 9 | **end** |
| 10 | **for** 每个梯度更新步 **do** |
| 11 | 更新 **Q** 值函数的参数 $\theta_i \leftarrow \theta_i - \varepsilon_c \cdot \min(Ratio_c, \xi_c) \cdot \hat{\nabla}_{\theta_i} J_Q(\theta_i)$，其中 $i \in \{1,2\}$ |
| 12 | 更新策略参数 $\phi \leftarrow \phi - \varepsilon_a \cdot \min(Ratio_a, \xi_a) \cdot \hat{\nabla}_\phi J_\pi(\phi)$ |
| 13 | 调整温度 $\alpha \leftarrow \alpha - \lambda \hat{\nabla}_\alpha J(\alpha)$ |
| 14 | 更新目标网络参数 $\bar{\theta}_i \leftarrow \tau \theta_i + (1-\tau)\bar{\theta}_i$ for $i \in \{1,2\}$ |
| 15 | **end** |
| **16** | **end** |

# 4.4
# 仿真与分析

## 4.4.1 仿真平台设置

为训练和测试基于深度强化学习的交通信号智能体而开发的交通仿真平台主要包括初始化模块、仿真环境模块和智能体模块三个部分，各模块的结构如图 4-3 所示，下面对各模块进行简要介绍。

（1）初始化模块

该模块负责调用仿真器中的交通网络和交通信号控制智能体，并在它们之间建立通信链路来传递信息。此外，该模块还负责决定是训练一个新的智能体还是选用一个已经训练好的智能体。随后该模块将训练过的智能体存储在预先指定的目录中，以便以后使用。该模块的输入是交通网络目录，经过训练的智能体目录以及输出目录。

（2）仿真环境模块

仿真环境包括交通仿真器（这里为 SUMO）中的交通网络以及从环境中提取的所有必要的相关信息单元。仿真器将必要的信息传递给智能体并接收来自智能体的动作，然后将这些动作应用于交通信号，以提取有用的性能测试量来评估智能体。

① 交通网输入单元。在交通信号仿真器中需要配置被仿真的交通网的地理信息，包括道路的长度、交叉口之间的距离，以及每条道路上的车道数量。对交叉口来说，信号配置也是必不可少的，例如最小绿灯时间、黄色时间、全红时间和相位方案等。在仿真器中还需要输入车辆的起始-目的地矩阵信息，以便能够创建与实现情况相贴近的交通环境。起始-目的地矩阵是根据现场观测到的车辆情况计算的。此外，路线、站点、车辆容量以及运输需求也需要输入仿真器。

② 交通仿真器单元。交通仿真器用来创建贴近现实交通变化的随机场景。这里的交通仿真器选用 SUMO。基于起始-目的地矩阵的仿真中，会将车辆释放到交通网中，每个车辆都有一个由发布时的矩阵确定的特定目的地。在行驶过程中，每辆车都必须遵守一定的规则，这些规则是由驾驶员的行为衍生出来的，例如车辆跟随规则，它决定了车辆如何在保持安全距离的同时互相跟随，连续两辆车之间的距离是它们的位置、速度、安全距离和驾驶员的反应时间的函数。每辆车在释放时都被分配了一组特征，这些特征决定了驾驶员的行为，例如反应时间、攻击性和对路网的熟悉程度。一些车辆可能比其他车辆更具攻击性，这在现实中也是如此。而间隙接受规则适用于车辆想要变道并合并到另一个车流队列的情况下，这时司机必须等待一个可接受的间隙且该间隙会受驾驶员自身特点的影响，比如一些驾驶员比较谨慎，则需要更长的间隙来采取行动。最后，虽然每辆车的目的地是预先确定的，但有可能有多条路线可以到达该目的地。此时，SUMO 会定期更新从每个点到目的地的当前行程时间，部分车辆也将更新它们的路线，以最小化它们的行程时间。这一规律也受到驾驶员特点的影响，一些驾驶员可能对路网不熟悉，会一直坚持最初的路线。

③ 传感器单元。仿真器中的信息需要通过传感器单元提取，这些信息在分析之后将传递给智能体。该单元是使用 SUMO 提供的交通控制接口（traffic control interface，TraCI）开发的，该单元提供额外的功能来提取信息或更改和覆盖交通网中组件的当前参数或功能。该单

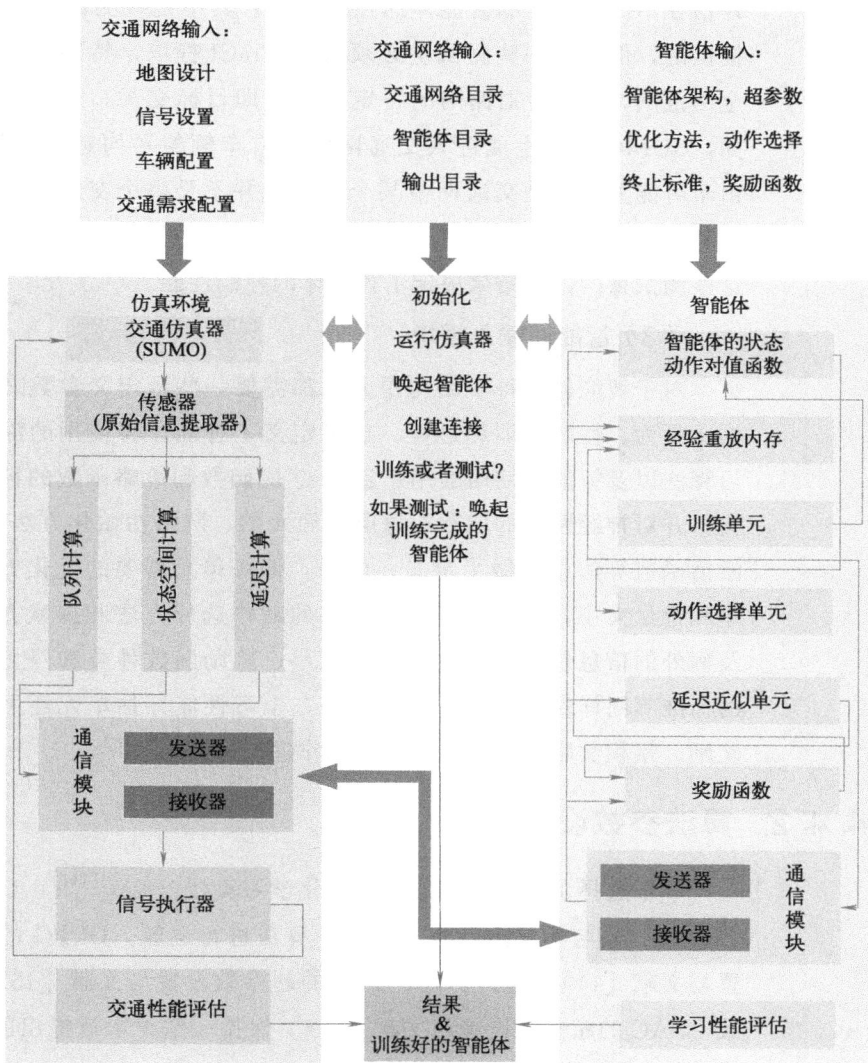

图 4-3　交通信号控制仿真平台示意图

元用于监控目标交叉口，并记录通向交叉口的车道上所有车辆的信息，包括车辆 ID、位置（车道和距离）、速度和延迟等。该单元还可用于观察交通信号，以提取信号的当前绿灯相位及其经过的时间。这些信息将被其他单元接收并用于计算其他提供给智能体的信息。

④ 交通性能评估单元。每次进行仿真都需要通过一些性能指标来

评估在不同算法下的智能体的控制性能。其中一些测试量是由 SUMO 提供的，但另外一些测试量必须通过 TraCI 提取，特别是那些不属于全网范围，仅仅针对路网的特定部分（即目标交叉口）的测试量。例如，SUMO 可以生成进入交通网的所有车辆的平均延迟时间。但是，由于可能关注的是交通网中某个交叉口并不是整个交通网，此时就需要利用 TraCI 来提取通过该交叉口的所有车辆的平均延迟时间。最后，这些测试量的评估结果决定了智能体的控制性能。

（3）智能体输入模块

对于智能体的每个结构单元，都需要一些预定义参数来确定其结构、行为、性能和训练过程。这里定义了智能体将使用的深度强化学习算法以及智能体使用的用于逼近 $Q$ 值函数和策略函数的神经网络结构，并对神经网络的层数、每层神经元数、网络初始化方法、过滤器、激活函数等信息都做了定义。此外，训练单元需要的优化方法、学习率和批量大小，动作选择单元需要的动作选择方法和探索方法等，以及额外的信息包括经验重放池的大小、奖励函数种类和停止学习过程的标准等同样做了定义。除此之外，学习性能评估单元还可以对即时奖励、累积奖励、平均错误以及动作进行评估。

## 4.4.2 算法参数设置

本章选择了三种主流的深度强化学习算法（SAC[147]、DDPG[149]、TD3[151]）与本章提出的 DWSAC 算法进行比较。DDPG 的超参数设置与文献［149］保持一致，TD3 的超参数设置与文献［151］保持一致，SAC 的超参数设置与文献［147］保持一致，本章提出的 DWSAC 算法的超参数设置如表 4-4 所示。

表 4-4　DWSAC 算法的超参数设置

| 超参数 | 值 |
| --- | --- |
| 优化器 | Adam[147] |
| 值函数参数优化学习率 | 0.01 |
| 策略函数参数优化学习率 | 0.001 |
| 折扣率（$\gamma$） | 0.99 |

| 超参数 | 值 |
|---|---|
| 经验缓存大小 | $1e+6$ |
| 每小批取样数 | 256 |
| 熵目标 | $-\dim(\mathcal{A})$ |
| 激活函数 | ReLU |
| 目标平滑系数$(\tau)$ | 0.005 |
| 目标更新间隔 | 1 |
| 梯度步 | 1 |
| Actor 更新权重的阈值 | 10 |
| Critic 更新权重的阈值 | 10 |
| 目标网络更新频率 | 300 |

## 4.4.3 交通环境下的仿真与分析

如图 4-4（a）所示，在交通网中用圆圈标出了选定的单交叉口，放大后如图 4-4（b）所示，该交叉口连接四条道路，每条道路各包括两条车道。为了评估算法在不同交通环境下的性能，选取 10 个随机种子作为不同的交通环境分别测试所提出的算法及其比较算法的性能。这里每个种子都代表现实生活中一天，同一个交叉口每天的交通状况

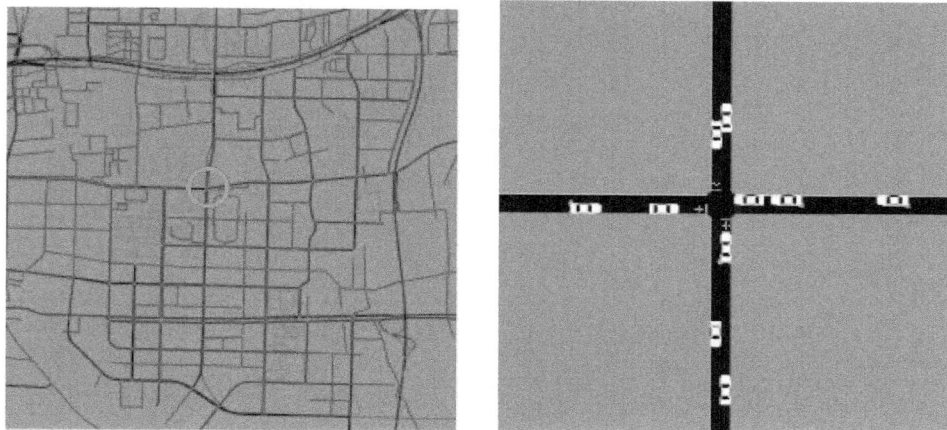

(a) 圆圈标出选定的单交叉口

(b) 放大后的单交叉口

图 4-4　交通网环境仿真

可能相似但不可能完全相同，因此选取 10 个随机种子是合理的。随后，对 10 次仿真运行量进行平均，用于评估算法的性能。这里用于评估的性能指标除了奖励平均值、收敛速度以及鲁棒性之外还包括交叉口车辆的平均行驶时间、平均停车次数、在队列中的平均时间、平均队列长度以及队列长度标准差等。

（1）不同奖励函数对算法学习率、鲁棒性以及平均奖励的影响

在三个不同的奖励函数下分别进行交通仿真，奖励函数 1、奖励函数 2 和奖励函数 3 对应的平均奖励曲线分别如图 4-5、图 4-6、图 4-7 所示。

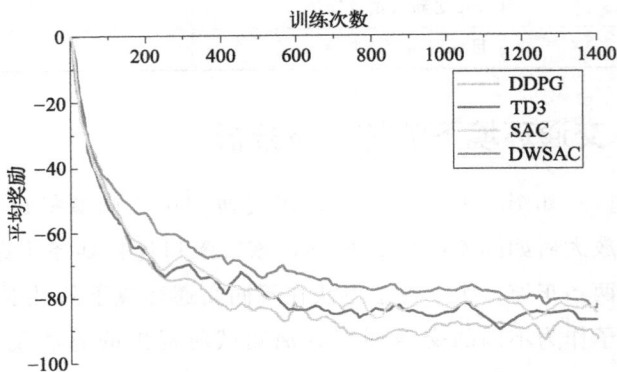

图 4-5　奖励函数为 R1 时的平均奖励曲线

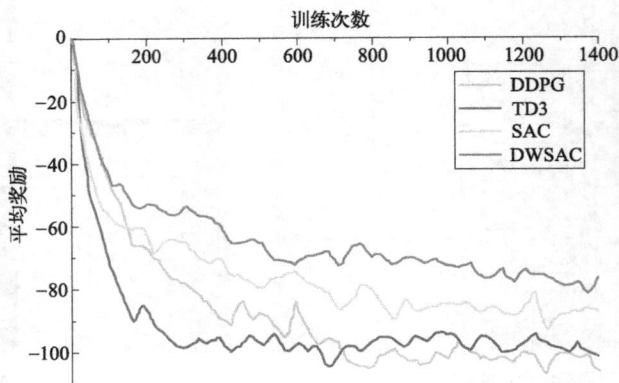

图 4-6　奖励函数为 R2 时的平均奖励曲线

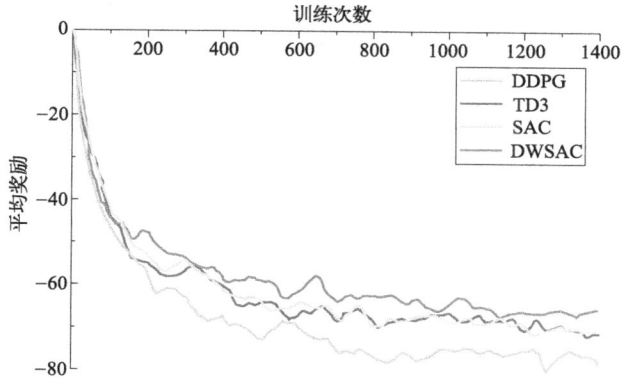

图 4-7 奖励函数为 R3 时的平均奖励曲线

从图 4-5、图 4-6、图 4-7 中的平均奖励曲线可以看出，所提出的 DWSAC 算法在学习速率、鲁棒性以及平均奖励方面都要好于用于对比的三种主流算法。

**（2）不同的强化学习算法对交通性能指标的影响**

本章采用四种不同的深度强化学习算法用于智能体对交通信号的优化时对平均交叉口通过时间、平均停车次数、平均排队时间、平均队列长度以及队列长度标准差等交通性能指标的影响进行评估，这里以奖励函数 R3 为例分析各交通性能指标，具体数据如表 4-5 所示。

表 4-5　比较 DDPG、TD3、SAC 和 DWSAC 等算法对各交通性能指标的影响及 DWSAC 相对于其他算法对各性能指标的改善率

| 性能指标 | DDPG | TD3 | SAC | DWSAC |
|---|---|---|---|---|
| 平均交叉口通过时间/s | 87.54 | 78.97 | 67.10 | **59.95** |
| 改善率 | 31.5% | 24.1% | 10.7% | — |
| 平均停车次数/次 | 2.66 | 2.43 | 2.02 | **1.84** |
| 改善率 | 44.7% | 32.0% | 9.8% | — |
| 平均排队时间/s | 56.77 | 48.68 | 39.07 | **30.82** |
| 改善率 | 45.7% | 36.7% | 21.1% | — |
| 平均队列长度/辆 | 9.80 | 8.73 | 7.00 | **5.63** |
| 改善率 | 42.6% | 35.5% | 19.6% | — |
| 队列长度标准差/辆 | 15.54 | 12.91 | 10.42 | **8.61** |
| 改善率 | 44.6% | 33.3% | 17.4% | — |

从表 4-5 中可以看到，采用 DWSAC 算法的智能体使车辆的平均交叉口通过时间比采用其他三种算法的平均交叉口通过时间至少提高了 10.7%，平均排队时间的改善率在 21.1%～45.7% 之间，平均停车次数的改善率在 9.8% 到 44.7% 之间，平均队列长度的改善率也提高了 19.6%～42.6%，其标准差的改善率也至少提高了 17.4%。

### （3）不同奖励函数对交通性能指标的影响

DWSAC 算法的性能评估已经在前面部分做了详细分析，因此这里选取 DWSAC 作为智能体的学习算法来测试当选择不同的奖励函数时，对交通性能指标有何影响，具体数据如表 4-6 所示。

表 4-6 在 DWSAC 算法下对比不同奖励函数对各交通性能指标的影响

| 性能指标 | R1 | R2 | R3 |
|---|---|---|---|
| 平均交叉口通过时间/s | 59.95 | 74.34 | **57.19** |
| 平均交叉口通过时间标准差/s | 7.22 | 10.56 | **5.43** |
| 平均停车次数/次 | 1.84 | 1.83 | **1.68** |
| 平均停车次数标准差/次 | 0.24 | 0.17 | **0.17** |
| 平均排队时间/s | 30.82 | 45.64 | **28.17** |
| 平均排队时间标准差/s | 7.04 | 10.69 | **5.17** |
| 平均队列长度/辆 | 5.63 | 8.06 | **5.2** |
| 队列长度标准差/辆 | 8.61 | 11.09 | **7.33** |

从表 4-6 中数据可以看出，选取奖励函数 R3 后智能体的性能更好，各交通性能指标以及标准差都要好于选择奖励函数 R1 和奖励函数 R2 的智能体。

### （4）基于累积延迟近似的奖励函数对交通性能指标的影响

通过上述实验分析可知，当采用奖励函数 3 时，各项交通性能指标是最好的。但是正如 4.2.4 小节提到的，对于这个奖励函数，需要分别获取每辆车的延迟来计算交叉口的累计延迟。在实际情况中，以目前的检测技术获得每辆车的延迟是不现实的，所以本章采用了 4.2.4 小节中提出的方法来近似计算交叉口的累积延迟。这里将测试在奖励函数 3 的基础上使用该近似方法后对交通性能指标有何影响，具体数据如表 4-7 所示。

**表 4-7 在 DWSAC 算法下基于累积延迟近似的奖励函数 3**
**对各交通性能指标的影响**

| 性能指标 | R3 | 延迟近似 R3 | 改善率 |
|---|---|---|---|
| 平均交叉口通过时间/s | 57.19 | 58.97 | −3.1% |
| 平均停车次数/次 | 1.68 | 1.7 | −1.2% |
| 平均排队时间/s | 28.17 | 29.96 | −6.4% |
| 平均队列长度/辆 | 5.2 | 5.51 | −6.0% |
| 队列长度标准差/辆 | 7.33 | 7.64 | −4.2% |

从表 4-7 中可以看出，使用近似算法会导致各交通性能指标有所下降，但性能损失不大，重要的是该方法在实际情况中是可行的。

### （5）队列检测中的速度阈值对交通性能指标的影响

在 4.2.3 小节中提到用速度阈值变量 $sp_q$ 判断车辆是否在队列中，而车队的长度直接关系到车辆延迟，从而会影响到一系列的交通性能指标，目前只关注能否找到车辆速度阈值的最佳值。表 4-8 总结了不同速度阈值对应的交通性能指标。

**表 4-8 队列检测中的速度阈值对各交通性能指标的影响**

| 性能指标 | $sp_q=4\text{m/s}$ | $sp_q=3/\text{m/s}$ | $sp_q=2\text{m/s}$ |
|---|---|---|---|
| 平均交叉口通过时间/s | **59.95** | 60.91 | 61.03 |
| 平均停车次数/次 | **1.84** | 1.89 | 1.9 |
| 平均排队时间/s | **30.82** | 31.79 | 31.88 |
| 平均队列长度/辆 | **5.63** | 5.79 | 5.8 |
| 队列长度标准差/辆 | **8.61** | 9 | 8.99 |

从表 4-8 中可以看出，队列的速度阈值对交通性能的影响不大，4m/s 的速度阈值在这三种阈值中效果最好。因此统一将车辆的速度阈值固定为 4m/s，只有车速低于 4m/s 时，才认为车辆在队列中。

## 4.4.4 标准连续控制任务下的仿真与分析

4.4.3 小节中的仿真实验表明，本章提出的 DWSAC 算法在解决交通信号控制问题时具有良好的性能，为了进一步测试该算法在控制任务发生变化时是否还具有良好的性能即算法的通用性，从 OpenAI gym 标准测试集[152] 和 Humanoid 标准测试集[153] 中选取了六种具有挑战性的连续控制任务用于测试所提出的算法及其比较算法。这些用于测试的任务具体包括：Hopper-v2、Walker2d-v2、HalfCheetah-v2、Ant-v2、Humanoid-v2 以及 Humanoid（rllab），各标准测试任务的平均奖励曲线如图 4-8 所示。

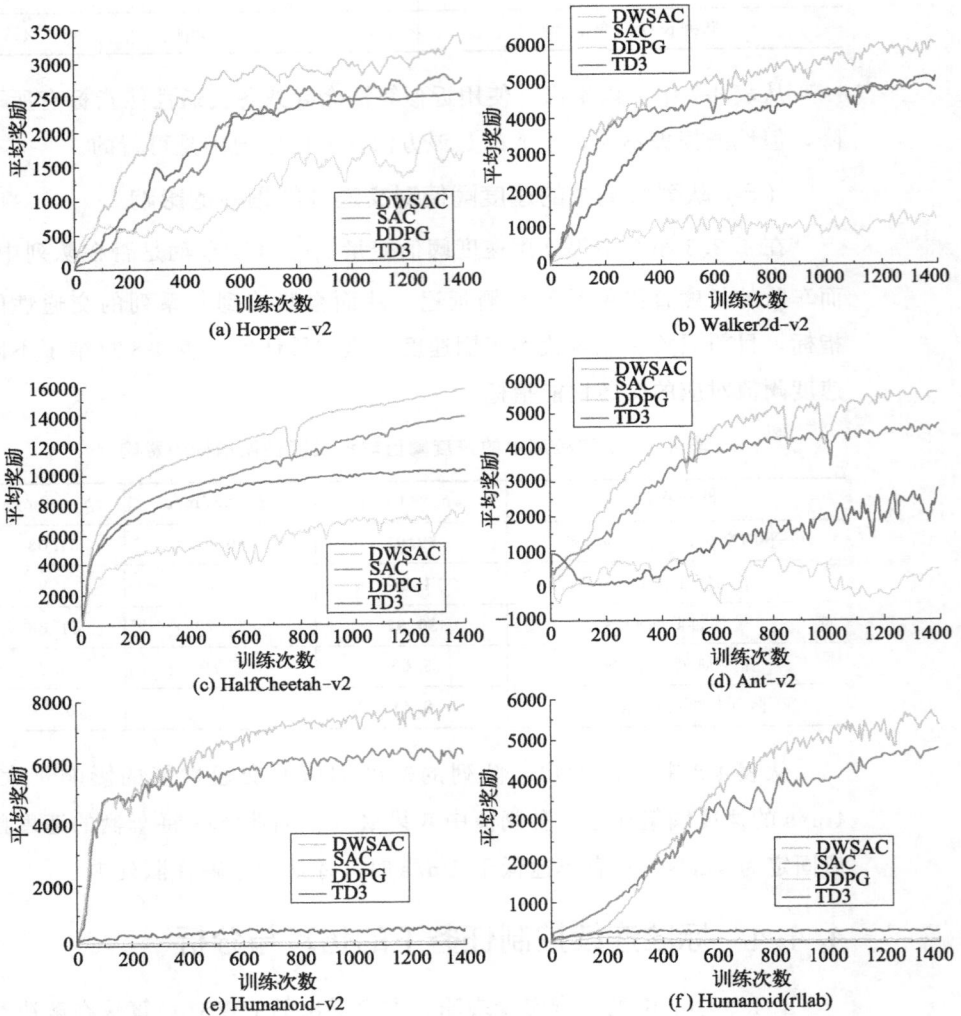

图 4-8 各标准测试任务上的平均奖励曲线

图 4-8 中分别显示了 DWSAC、SAC、TD3 以及 DDPG 四种算法在不同连续控制任务中训练的平均奖励曲线。在每个任务中,用于测试的四种算法每经过一次完整的训练(episode)执行一次评估,用于计算平均奖励。从图 4-8 中的六张子图的平均奖励曲线可以看出,无论从算法学习的收敛速度上还是从最终性能上来说,DWSAC 在较简单的任务上的表现与主流的三种算法相当,而在较困难的任务上,其他三种算法的表现与 DWSAC 差距较大,例如,DDPG 在 Ant-v2、Humanoid-v2 和 Humanoid(rllab)上基本没有进展,尤其在后两个任务上毫无进展。TD3 在 Humanoid-v2 和 Humanoid(rllab)上同样基本没有进展。从图 4-8 中曲线的平稳性方面来说,所提出的算法比 SAC 略好且远好于 TD3 和 DDPG,从这方面可以看出所提出的算法鲁棒性能更好。从图 4-8 中也可以看出,本章提出的 DWSAC 在学习速率方面也比原始的 SAC 算法高。此外,DWSAC 在该实验中获得的定量结果与文献[153-155]中的算法相比结果也较好,这表明 DWSAC 在这些标准任务上的学习效率和最终性能都超过了目前几种主流的算法。

# 4.5
# 本章小结

本章研究了基于深度强化学习算法的单交叉口信号控制问题。第一,基于可变相序以及考虑有行人穿越交叉口的情况下定义了动作空间。第二,分别根据交叉口累积延迟差值的平均变化率、车辆队列长度总和以及交叉口累积延迟差值定义了三种奖励函数,并且在考虑到现实中难以监测所有车辆的延迟之后,提出了一种延迟近似方法用于近似奖励函数 1 和奖励函数 3 的累积延迟。第三,在状态空间的定义方面不仅考虑了车辆队列长度还考虑了当前绿灯相位状态和当前绿灯相位经过的时间。第四,在深度学习算法方面,提出了一种基于动态权重的 soft actor-critic 算法,该算法面向最大熵强化学习且使用的是随机策略,在处理具有多个最优动作的问题时相比确定性策略更有优势,同时引入的动态权重机制在智能体采取的动作有助于系统性能的提高时，则增强更新范围，否则减小更新范围，显著地提高了传统 soft actor-critic 算法的收敛效率和收敛性能。

　　在仿真结果方面。首先，在交通仿真平台下，分别测试了 DWSAC、DDPG、TD3、SAC 四种深度强化学习算法、三种奖励函数、累积延迟近似方法和速度阈值对平均交叉口通过时间、平均停车次数、平均排队时间、平均队列长度以及队列长度标准差等交通性能指标的影响。从仿真曲线和具体数据可以看出，本章提出的模型和 DWSAC 算法在解决单交叉口信号控制问题上是有效的。其次，用四种算法在 OpenAI gym 标准测试集和 Humanoid 任务标准测试集中的六个难度不同的任务上做了仿真，从六个任务的平均奖励曲线可以看出，所提出的 DWSAC 算法无论在学习效率、鲁棒性还是最终性能方面都优于用于比较的 DDPG、TD3 和 SAC 三种主流的深度强化学习算法。

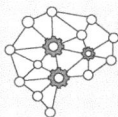

# 第5章

# 基于深度强化学习的多智能体
# 交通信号控制

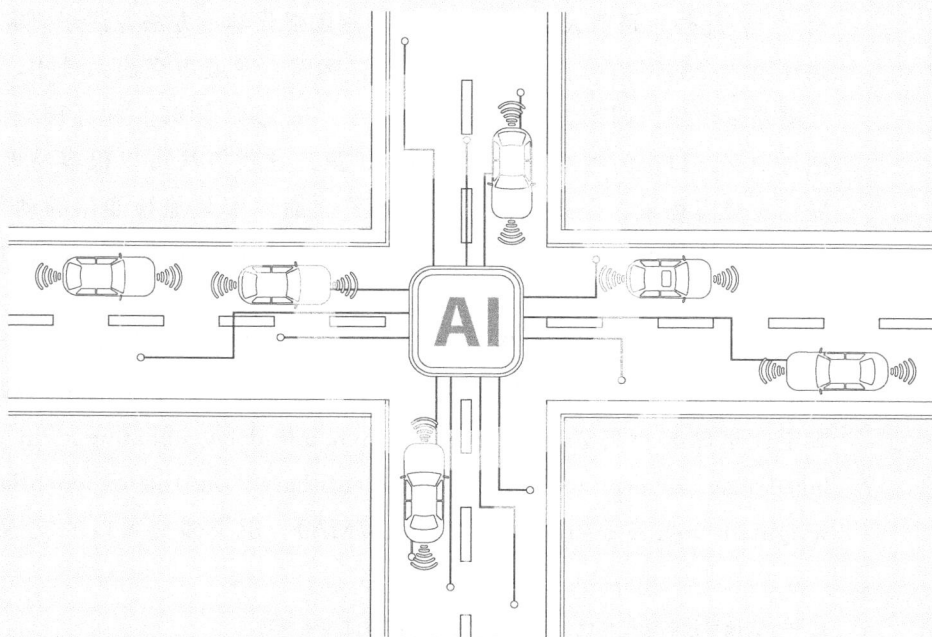

# 5.1
# 引言

第 4 章中介绍了深度强化学习在单交叉口信号控制中的应用，对于多交叉口交通信号控制问题而言，如果采用集中控制，把几十个交叉口的信号配时和相序切换看作一个单智能体强化学习问题[156-158] 来解决会有以下几个明显的缺点：①中心智能体需要搜集所有交叉口的流量数据和状态信息，计算量大计算复杂度高，很难满足实时性要求；②鲁棒性较差，中心智能体一旦发生故障，几十个交叉口都会瘫痪，导致整个交通网发生拥堵；③可扩展性较弱，加入新的交叉口之后需要重新评估各交叉口之间的相关状态。更重要的是，随着智能体数量的增加，智能体的联合动作空间呈指数增长，从而导致维度灾难的发生。

因此本章把目标转向多智能体深度强化学习，其中每个交叉口被视为一个智能体。多智能体深度强化学习方法的挑战在于如何响应每个智能体和环境之间的动态交互，这将显著影响智能体的自适应决策[159]。此外，目前大多数的多智能体深度强化学习方法专注于研究有限规模的交通网信号控制问题[145,160]。然而，在城市交通系统中，通常需要以全局协调的方式考虑所有信号。在文献［161］和［162］中把每个交叉口视为独立训练的智能体，虽然这类方法可以很容易地扩展到大规模场景，但是它们直接忽略了交通网中其他智能体的动作，并且隐含地暗示了环境是静态的，这使得智能体很难学习到收敛的有利策略。

本章提出了一种完全分布式的且可扩展的多智能体深度强化学习方法，叫作合作的基于指数加权移动平均的动态延迟更新双延迟深度确定性策略梯度算法（co-operative dynamic delay updating twin delayed deep deterministic policy gradient based on the exponentially weighted moving average，CoTD3-EWMA），用于多交叉口的交通信号控制问题。该算法引入了一种基于指数加权移动平均的动态步长延迟更新策略，改善了传统双延迟深度确定性策略梯度算法尚未完全解决的 $Q$ 值过估计问题[163]。为了考虑多交叉口智能体在学习过程中群体合作的影响，包括当前智能体的影响和它们在群体中扮演的角色，引入了平均场理论[164] 来建模智能体之间的交互，使各交叉口智能体能学习到更好的合作策略，更重要的是平均场理论的引入大幅降低了联合动作空间的维度，避免了维度灾难的发生。其次，状态共享机制和联合奖励分配机制的提出也保证学习过程更加全面和鲁棒，并能快速收敛到最优联合策略。最后，使用以 SUMO 交通仿真软件为核心的平台进行了仿真分析。

本章的主要内容包括：

① 提出了一种新的多智能体深度强化学习算法 CoTD3-EWMA，通过引入平均场理论，隐性地对智能体与环境之间的相互作用进行建模。在不丢失信息的前提下，大幅降低了联合动作空间的维度，不仅减小了计算复杂度还避免了维度灾难的发生，同时提高了算法的可迁移性和可扩展性。另外，该算法采用了一种基于指数加权移动平均的动态延迟更新策略，改善了传统双延迟深度确定性策略梯度算法尚未完全解决的 $Q$ 值过估计问题。

② 为了提高智能体的全局策略学习能力和鲁棒性，提出了一种新的联合奖励分配机制和状态共享机制，保证学习过程更加全面和鲁棒。

# 5.2
# 基于马尔可夫博弈的交通信号控制问题描述

本章将多交叉口交通信号控制问题建模为马尔可夫博弈，以便使用多智能体强化学习的方法来解决。假设一个交通网包含 $N$ 个信号交叉口（$N$ 个智能体），利用交通信号控制的基本思想来设置多智能体强化学习的相关元素。通常采用八相位信号控制方法，分别为：东西向直行、南北向直行、东西向左转、南北向左转、南向直行左转、北向直行左转、东向直行左转以及西向直行左转。定义 $\Delta t$ 为智能体与交通环境的交互周期，以便使信号灯的持续时间为 $\Delta t$，需要注意的是 $\Delta t$ 的值要在合理的范围内。如果 $\Delta t$ 太长，会造成交通拥堵。如果 $\Delta t$ 过短，会显著增加信号灯的切换频率，致使红灯信号的损失时间会大大增加，降低交通网的通行效率。此外，为了进一步保证行车安全，在每次切换信号灯时，都需强制执行 $t_y < \Delta t$ 的黄灯时间。当时间步为 $t$ 时，智能体 $k$ 的状态、动作和奖励分别为 $s_{k,t}$、$a_{k,t}$ 和 $r_{k,t}$，接下来分别介绍状态空间、动作空间以及奖励函数的定义。

### （1）状态空间

为了尽可能多地保留车辆信息并准确描述交通状况，首先将与交叉口相连的车道进行网格化处理，每个网格只能容纳一辆汽车。如图5-1 所示，现在取一个交叉口 $k$ 进行详细描述，以与交叉口 $k$ 相连接的东段车道为例，如图 5-2（a）所示。根据车辆在车道网格内的分布，可以获得其对应的二进制位置信息和车速信息，分别如图 5-2（b）和图 5-2（c）所示。需要注意的是，本章中作了如下假设：①交通网内车辆型号相同且车辆长度等于网格长度 $l$；②车辆之间不会发生碰撞；③每个网格线到停止线的距离是已知的。根据上述假设以及每辆车的位置和速度信息，则可以计算出与交叉口 $k$ 相连的每条道路上车辆的等待时间 $\sum_{j \in \{n,s,w,e\}} wait_k[kj]$ 和排队长度 $\sum_{j \in \{e,s,w,n\}} queue_k[kj]$，其中，$ke$、

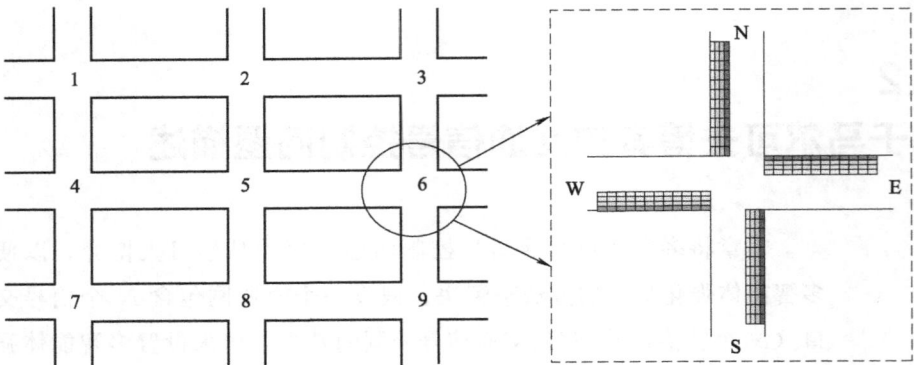

图 5-1　交叉口网格化示意图

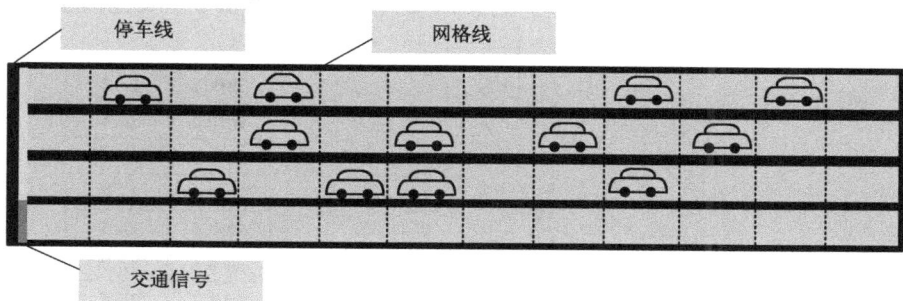

(a) 车辆实际位置

| | 1 | | 1 | | | 1 | | 1 | |
|---|---|---|---|---|---|---|---|---|---|
| | | 1 | | 1 | | 1 | | 1 | |
| | | 1 | | 1 | 1 | | 1 | | |
| | | | | | | | | | |

(b) 车辆位置二进制表示

| | 8.3 | | 6.6 | | | 10 | | 7.5 | |
|---|---|---|---|---|---|---|---|---|---|
| | | | 9.6 | | 13 | 7.0 | | 9.0 | |
| | | 9.0 | | 9.9 | 9.9 | | 12 | | |
| | | | | | | | | | |

(c) 车辆速度

图 5-2　车辆状态示意图

$ks$、$kw$ 和 $kn$ 分别代表与交叉口 $k$ 相连的东、南、西、北四个方向的车道。进而，每个交叉口 $k$ 在时间步 $t$ 时的状态可以表示为

$$s_{k,t} = \left\langle \sum_{j \in \{e,s,w,n\}} wait_{k,t}[kj], \sum_{j \in \{e,s,w,n\}} queue_{k,t}[kj] \right\rangle \quad (5\text{-}1)$$

## （2）动作空间定义

在交叉口 $k$，根据所采用的八相位信号控制和安全通行原则，如图 5-3 所示，定义了动作空间 $A = \{1,2,3,4,5,6,7,8\}$，并设计一个一维二进制矩阵来表示相应动作的信号灯状态。例如，在时间步为 $t$ 时，当交叉口 $k$ 选择动作 1 时，则相位 1 和相位 2 的绿色信号灯点亮，其可以用 $a_{k,t} = [1,1,0,0,0,0,0,0]$ 表示。如果所选的动作与当前动作相同，则

继续执行当前信号 $\Delta t$ 秒，否则需要首先执行过渡信号（黄色信号）$t_y$。

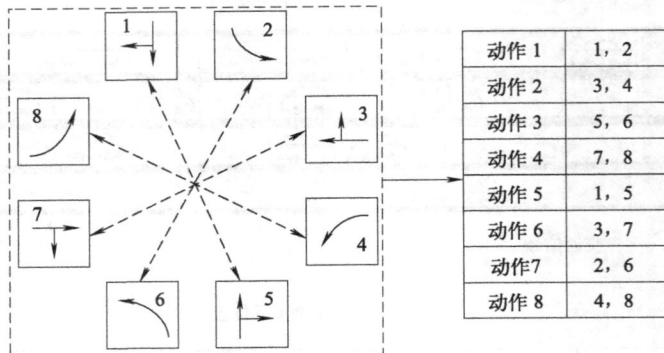

图 5-3　交叉口相位-动作示意图

### （3）奖励函数

对于交叉口 $k$，在时间步 $t$ 时的奖励可以通过队列长度和等待时间来表示：

$$r_{k,t} = -\sum_{j \in \{e,s,w,n\}} (wait_{k,t}[kj] + \beta \cdot queue_{k,t}[kj]) \qquad (5\text{-}2)$$

式中，$\beta$ 是用于将 $queue_{k,1}[kj]$ 调整到与 $wait_{k,t+1}[kj]$ 相同范围的正则化因子。

需要注意的是，交通信号状态每间隔 $\Delta t$ 切换一次，所以在 $\Delta t$ 内计算累计奖励可以更好地反映真实的交通情况。从第 $T$ 次到第 $T+1$ 次的状态转移，智能体 $k$ 的累计奖励可以表示为

$$R_{k,T} = \sum_{t=(T-1)\Delta t}^{T\Delta t - 1} r_t(s_t, a_t) \qquad (5\text{-}3)$$

# 5.3
# 合作的基于指数加权移动平均的动态延迟更新双延迟深度确定性策略梯度算法

## 5.3.1　强化学习中的 $Q$ 值过估计问题

过估计问题是强化学习中的一个比较经典的问题，也叫作最大化

偏差。这里将首先对过估计问题进行说明，再引出导致过估计问题的原因。

首先介绍一下过估计问题，图 5-4 中的两个方框分别是终止状态，状态 $A$ 是起始状态，它可以从 $[left, right]$ 中选择一个动作执行，两个动作得到的奖励 $r$ 都是 0，执行 $right$ 后到达终止状态。执行 $left$ 后的下一个状态是 $B$ 状态，在状态 $B$ 上有大量的向左的动作，每个动作 $a_i$ 都会走向下一个终止状态，且每一个动作产生的 $r$ 都服从正态分布 $\mathcal{N}(-0.1,1)$。从前面的章节可知，$Q(s,a)$ 的定义是累积折扣奖励的期望：

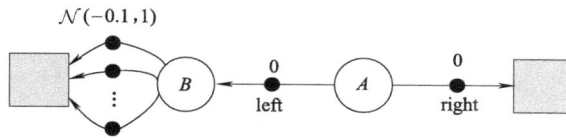

图 5-4   $Q$ 值过估计问题实例

$$Q(s,a) = \mathbb{E}_{\pi, p(s',r|s,a)}\left[\sum_{k=0}^{\infty} \gamma^k r_{t+k+1} \mid s_t = s, a_t = a\right] \quad (5\text{-}4)$$

式中，$\pi$ 是智能体的策略；$p(s',r|s,a)$ 是环境中的动态概率分布。因此，可以得到状态 $A$、$B$ 下的各个动作的最优 $Q^*$ 值分别为

$$Q^*(B,a_i) = -0.1, i = 0,1,2\cdots$$

$$Q^*(A,right) = 0$$

$$Q^*(A,left) = -0.1\gamma \quad (5\text{-}5)$$

式中，折扣因子满足 $0 \leqslant \gamma \leqslant 1$。此时可以知道，在起始状态 $A$ 下，最优动作是 $right$。

但是由于强化学习是智能体不断和环境进行交互后迭代更新的，因此 $Q(s,a)$ 最开始是一个随机初始化的值，然后需要智能体不断和环境交互，不断通过贝尔曼方程迭代更新，最终使得 $Q(s,a)$ 逐渐逼近最优的 $Q^*(s,a)$。在这个不断迭代更新的过程中，实际的 $Q(s,a)$ 其实是一个估计值，它并不一定准确。因此，在这个例子中，智能体学习的过程中 $Q(B,a_i)$、$Q(A,right)$、$Q(A,left)$ 不一定是准确的，因为其奖励服从正态分布 $\mathcal{N}(-0.1,1)$ 需要大量的样本才能拟合出来。

此时对于状态 $B$ 而言，很有可能对于许多动作 $a_j$ 的 $Q$ 值被高估，则有 $Q(B,a_j)>Q^*(B,a_j)$，同理也存在 $Q(B,a_k)\leqslant Q^*(B,a_k)$，比如现在状态 $B$ 上的 5 个动作的实际 $Q$ 值为 $[0.5,0.1,-0.1,-0.3,-0.9]$，其中两个动作的 $Q$ 值被高估，两个动作的 $Q$ 值被低估。接着看贝尔曼方程：

$$Q(s,a)=\sum_{s',r}p(s',r\mid s,a)[r+\gamma V(s')]$$
$$=\mathbb{E}_{s',r\sim p(s',r\mid s,a)}\{r+\gamma\mathbb{E}_{a'\sim\pi}[Q(s',a')]\} \tag{5-6}$$

基于贝尔曼方程，强化学习算法在更新 $Q(s,a)$ 时先计算一个 $Q_{target}(s,a)$，来让先前的 $Q(s,a)$ 朝着新的 $Q(s,a)$ 更新，以 Sarsa、$Q$ 学习为例，它们的更新方式分别为

$$\text{Sarsa}:Q(s,a)=Q(s,a)+\alpha[r+\gamma Q(s',a')-Q(s,a)]$$
$$Q\text{学习}:Q(s,a)=Q(s,a)+\alpha[r+\gamma\max_{a'}Q(s',a')-Q(s,a)]$$

$$\tag{5-7}$$

其都是使用 $Q_{target}(s,a)=r+\gamma Q[s',\pi(s')]$ 来对 $Q(s,a)$ 更新。因此对于示例问题中的 $A$ 而言，由于其奖励为 0，可以得到：

$$Q(A,left)=r+r+\gamma\mathbb{E}_{a_i\sim\pi}[Q(B,a_i)] \tag{5-8}$$

现在的问题是，实际的算法中策略 $\pi$ 是一个近乎贪心的策略，比如 $Q$ 学习选择 $a^*=\mathrm{argmax}_{a'}Q(B,a')$ 的概率为 1，而 Sarsa 使用 $\epsilon$-贪婪策略，有 $1-\epsilon+\dfrac{\epsilon}{|\mathcal{A}|}$ 的概率选择 $a^*$。

那么假设 5 个动作当前 $Q$ 值分别为 $[0.5,0.1,-0.1,-0.3,-0.9]$，智能体大概率会选择值最大的动作对应的 0.5 去计算，得到 $Q_{target}(A,left)=0.5\gamma$，让 $A$ 朝着 $0.5\gamma$ 更新，使得智能体在状态 $A$ 下会不断选择动作 $left$，而非最优动作 $right$，这就是强化学习中的过估计问题。因此，从中可以总结出造成过估计问题的根本原因：

① 探索不足：探索不足导致产生的样本无法反映出式（5-4）中的概率分布。

② 值函数存在方差：$Q(s,a)$ 的更新存在方差，不可能一步就更新到目标值，它实际的形式应该是围绕目标值上下波动，但是波动的

幅度越来越小。

③ 贪心思想：训练过程中，①与②共同作用导致实际的 $Q(s,a)$ 其实是一个估计值，它和最优的 $Q^*(s,a)$ 存在误差，存在一些动作对应的 $Q$ 值被高估，而贪心思想又使用了下一个状态中最大的 $Q$ 值，恰好会使得那些被高估的动作的值在更新时不断被反向传递回之前的状态。

## 5.3.2　基于指数加权移动平均的动态延迟更新策略

许多多智能体强化学习方法都是基于双延迟深度确定性策略梯度算法的（twin de-layed deep deterministic policy gradient，TD3），其作为连续动作控制领域的经典算法被广泛使用。值得注意的是，TD3 作为 DDPG 的改进版，很大程度上解决了 DDPG 的 $Q$ 值过估计问题，但其仍具有改进的空间。尤其当 TD3 算法用于多智能体系统中时，受到多个智能体联合动作的影响，过估计问题更加突出。

对于每个智能体 $k$，Actor 网络 $C_{k,\phi}$ 根据当前状态 $s$ 输出当前动作 $a$，Actor 目标网络 $\widetilde{C}_{k,\phi'}$ 根据下一状态 $s'$ 输出目标动作 $\widetilde{a}$。Critic 网络 $Q_{k,\theta_i}$ 在状态 $s$ 下采取动作 $a$ 并计算 $Q_{k,\theta_i}(s,a)$ 值函数。Critic 目标网络 $\widetilde{Q}_{k,\theta'_i}$ 在下一状态 $s'$ 下采取目标动作 $\widetilde{a}$ 并计算目标 $\widetilde{Q}_{k,\theta'_i}(s',\widetilde{a})$ 值函数。$\phi$ 和 $\theta_i$ 分别是 Actor 网络 $C_k$ 和 Critic 网络 $Q_k$ 的参数。$\phi'$ 和 $\theta'_i$ 分别是 Actor 目标网络 $\widetilde{C}_k$ 和 Critic 目标网络 $\widetilde{Q}_k$ 的参数，$i=1$、2。当更新 Critic 网络参数时，两个目标网络中较小的 $\widetilde{Q}_k$ 值被选为目标值 $y_k$，其可以表示为

$$\begin{cases} L(\boldsymbol{\theta}_i)=M^{-1}\sum[y_k-Q_{k,\boldsymbol{\theta}_i}(s,a)]^2 \\ y_k=r_k+\gamma\min_{i=1,2}\widetilde{Q}_{k,\boldsymbol{\theta}'_i}(s',\widetilde{a}) \\ \widetilde{a}=\widetilde{C}_{k,\phi'}(s')+\varepsilon' \end{cases} \tag{5-9}$$

式中，$M$ 为样本数量；$\varepsilon'$ 为添加的随机噪声，其服从截断高斯分布 $\text{clip}[N(0,\sigma),-c,c],c>0$；$y_k$ 称为目标值。六个网络的参数更新如下：

$$\begin{cases} \nabla_\phi J(\phi) = M^{-1} \sum \nabla_a \boldsymbol{Q}_{k,\theta_i}(s,a)|_{a=C_{k,\phi}(s)} \nabla_\phi C_{k,\phi}(s) \\ \boldsymbol{\theta}'_i \leftarrow \tau \boldsymbol{\theta}_i + (1-\tau) \boldsymbol{\theta}'_i \\ \phi' \leftarrow \tau\phi + (1-\tau)\phi' \end{cases} \tag{5-10}$$

式中，$\tau \leqslant 1$。

在 TD3 算法中，由于采用了时间差分（temporal difference，TD）更新机制，价值函数的估计是基于后续状态估计的，贝尔曼方程决定了其 TD 误差会逐渐累积，最终导致过估计和次优策略更新。从式（5-11）可以看出，$\boldsymbol{Q}_\theta(s_t,a_t)$ 是奖励值减去 TD 误差后累计衰减和的期望估计，其方差与奖励值和 TD 误差的方差成正比。折扣因子的值越大，方差的增长率就越大。除此之外，从式（5-10）中可以看出 $\nabla_a \boldsymbol{Q}_{k,\theta_i}(s,a)|_{a=C_{k,\phi(s)}}$ 影响 Actor 网络的策略梯度 $\nabla_\phi C_{k,\phi}(s)$ 的更新方向和步长，其决定了策略更新的质量。当存在次优 $Q$ 值函数时，策略函数的更新也是次优的，接着次优策略函数会根据环境信息采取次优动作，其进一步导致值函数的估计恶化，最终导致 $Q$ 值函数和策略函数的循环劣化。

$$\begin{aligned} \boldsymbol{Q}_\theta(s_t,a_t) &= r_t + \gamma E[\boldsymbol{Q}_\theta(s_{t+1},a_{t+1})] - \delta_t \\ &= r_t + \gamma E\{r_{t+1} + \gamma E[\boldsymbol{Q}_\theta(s_{t+2},a_{t+2}) - \delta_{t+1}]\} - \delta_t \\ &= E_{s_i \sim p_\pi, a_i \sim \pi} \left[ \sum_{i=t}^{T} \gamma^{i-t}(r_i - \delta_i) \right] \end{aligned} \tag{5-11}$$

受 AbedAlguni 等人[165] 的启发，为了进一步改善 TD3 存在的 $Q$ 值过估计问题，加快模型学习的效率，提出了一种基于指数加权移动平均（exponentially weighted moving average，EWMA）[166] 的动态延迟更新策略。与常用的算术平均值相比，EWMA 不需要保存所有过去的值，因此计算量会显著减少。EWMA 的计算公式可以表示为

$$v_t = \beta v_{t-1} + (1-\beta)\rho_t \tag{5-12}$$

式中，$\rho_t$ 是 $t$ 时刻的实际值；系数 $\beta$ 是下降率的权重值，其值越小下降越快；$v_t$ 是 $t$ 时刻的 EWMA 值。

本章中用 $L(\boldsymbol{\theta}_i)$ 的移动平均值与 $L(\boldsymbol{\theta}_i)$ 的当前值的差来评估 Critic 的更新程度。如果差值很大，那么 $Q$ 值估计是次优的。此时为

Actor 设置更多的步长来等待更好的 $Q$ 值估计。需要注意的是，如果步长设置过大，则有可能会错过最优 $Q$ 值估计，导致 Actor 网络参数无法及时更新。

根据式（5-9）中的 $L(\boldsymbol{\theta}_i)$ 和式（5-12），Critic 网络的指数加权移动平均损失函数 $E_L$ 可以定义为

$$E_L = \beta(M-1)^{-1} \sum [y_k - Q_{k,\boldsymbol{\theta}_i}(s,a)]^2 + (1-\beta)M^{-1}$$
$$\sum [y_k - Q_{k,\boldsymbol{\theta}_i}(s,a)]^2 \tag{5-13}$$

Critic 网络更新幅度的评估可以定义为

$$f = e^{M^{-1} \sum [y_k - Q_{k,\theta_i}(s,a)]^2 - E_L} \tag{5-14}$$

$f$ 被压缩并映射到动态延迟更新步长范围 $(1,5)$：$\mathrm{clip}(f) \rightarrow (1,5)$。其可以定义为

$$\omega e^{M^{-1} \sum [y_k - Q_{k,\theta_i}(s,a)]^2 - E_L} \sim \mathrm{clip}(1,5) \tag{5-15}$$

式中，$\omega$ 是一个线性系数，用于把 $f$ 的取值调整到 $(1,5)$ 的范围内。

## 5.3.3 合作的基于指数加权移动平均的动态延迟更新双延迟深度确定性策略梯度算法设计

联合动作 $\boldsymbol{a}$ 的维数会随着智能体的数量迅速增加，因此直接计算 $Q_k(s,\boldsymbol{a})$ 值变得非常困难。一般的方法，如联合行动学习者[167] 和频率最大 $Q$ 值[168]，只能处理小规模的多智能体问题。在具有大量智能体的问题中，例如多交叉口交通信号控制中智能体之间存在相互作用，当前智能体的决策不仅受其自身的影响还受其他智能体的影响。此外，由于受实时性和计算复杂性的限制，一般均衡方法很难处理该问题。杨等人[111] 提出的一种平均场近似方法为解决像交通信号控制这样的多群体问题提供了一种新的思路。

对于多交叉口交通信号控制问题，该方法在不损失其他智能体对环境的影响的前提下，大大降低了联合动作 $\boldsymbol{a}$ 的维数（从 $D^{N_k}$ 降到了 $D^2$），降低了当前智能体与邻域内其他智能体之间的耦合和计算复杂度。更重要的是，随着交通网中智能体数量的不断增加，该方法可以从根本上避免维度灾难的发生，使交通信号控制系统具有很强的可扩

展性和鲁棒性。

由于受到交通信号控制系统通信能力和实时性要求的限制，对每个智能体而言，其环境都是部分可观测的，因此智能体 $k$ 只能得到自己的奖励 $r_k$ 和状态 $s$，以及邻域内其他智能体的奖励 $r_{\mathcal{N}(k)}$ 和状态 $s_{\mathcal{N}(k)}$。一个合作的多智能体强化学习算法的目标是最大化其全局奖励。通常情况下，每个智能体都将全局奖励视为自己的奖励，但是在多智能体深度强化学习算法中会存在所谓的信用分配问题[169]。相反，如果只考虑智能体自身的即时奖励，智能体就会变得自私，这种情况下不利于合作，很难获得全局最大奖励。基于以上两点以及交通信号控制的固有特性，针对每个智能体 $k$ 提出了一种新的联合奖励分配机制，其可以定义为

$$\hat{r}_k = r_k + \sum_{i \in \mathcal{N}(k)} \alpha_i r_i \tag{5-16}$$

式中，$\alpha_i \in [0,1]$、$i \in \mathcal{N}(k)$ 是可变的权重因子，其可以根据邻域内每个智能体 $k$ 的优先级来设置大小（关于如何确定每个交叉口 $k$（智能体 $k$）的优先级已经在3.4.5小节中做了详细讲解）。如果 $\alpha_i$ 设置为1，则意味着智能体 $k$ 邻域内每个智能体的优先级都是相同的。这时就会出现上面说的信用分配问题。如果 $\alpha_i$ 设置为0，则意味着每个智能体都是自私的，其只考虑自身奖励的最大化，这样做非常不利于智能体之间的合作，难以获得全局最大奖励。

具体来说，对于多交叉口的交通信号控制问题，在同一时刻交通网中各个路口的车流量是不同的，同时各交叉口也不可能同时发生堵车，因此对于全局奖励来说，各交叉口的贡献是不一样的。因此，在之前工作的基础上，根据各交叉口的优先级为每个交叉口分配一个折扣因子。式（5-16）的这种奖励分配机制有效解决了信用分配问题和智能体的自私问题，合理加强了智能体之间的合作，能最大化全局奖励。

类似地，还提出了一种新的状态共享方法。对于智能体 $k$，取其邻域内其他智能体的平均状态作为辅助输入。智能体 $k$ 的状态可以定义为

$$\hat{s}_k = \left\langle s_k, \frac{1}{N_k} \sum_{j \in \mathcal{N}(k)} s_j \right\rangle \tag{5-17}$$

式中，$\hat{s}_k$ 是智能体 $k$ 的共享状态。

在上述介绍的基础上，提出了一种全新的 CoTD3-EWMA 算法。与集中式控制方法[66,107] 相比，该方法大大降低了动作值函数的输入维度（从 $C^{N_k} \cdot |s|^{N_k}$ 降到了 $C^2 \cdot |s|^2$），有效缓解了智能体之间的通信压力，降低了计算复杂度。CoTD3-EWMA 算法的具体流程如下所示：

步骤 1 为每个智能体 $k$ 初始化 Critic 网络参数 $Q_{\theta_{k,1}}$、$Q_{\theta_{k,2}}$ 和 Actor 网络 $C_{\phi_k}$ 的参数 $\theta_{k,1}$、$\theta_{k,2}$、$\phi_k$ 以及平均动作 $\overline{a}_k$。初始化目标网络 $\theta'_{k,1} \leftarrow \theta_{k,1}$、$\theta'_{k,2} \leftarrow \theta_{k,2}$ 和 $\phi'_k \leftarrow \phi_k$。

步骤 2 如果满足终止条件，停止并保存经过训练的神经网络的参数。

步骤 3 为每个智能体 $k$，在状态 $\hat{s}_k$ 下选择动作 $a_k$。

步骤 4 对所有智能体 $k$ 同时执行它们自己的动作 $a_k$，然后获得各自的奖励 $r_k$ 和状态 $s'_k$。

步骤 5 为每个智能体 $k$ 计算联合奖励 $\hat{r}_k$，共享状态 $\hat{s}'_k$ 以及平均场动作 $\overline{a}_k$。

步骤 6 对于每个智能体 $k$，采样样本 $\langle \hat{s}, a, \hat{r}, \hat{s}', \overline{a} \rangle$ 被存储在经验缓存 $\xi_k$ 中。

步骤 7 对于每个智能体 $k$，从经验缓存 $\xi_k$ 中随机采样小批量样本，然后根据该小批量样本计算 $y_k^{\text{CoTD3-EWMA}}$。

步骤 8 对于每个智能体 $k$，更新 Critic 网络参数 $\theta_{k,1}$ 和 $\theta_{k,2}$。

步骤 9 计算延迟更新步长 $d = \text{int}\,(\text{clip}\,(\omega e^{M^{-1}\sum(y_k^{\text{CoTD3-EWMA}} - Q_{k,\theta_i}(s,a))^2 - E_L},\ 1,\ 5))$。

步骤 10 根据延迟更新步长 $d$ 和确定性策略梯度更新 Actor 网络参数 $\phi_k$。

步骤 11 对于每个智能体 $k$，更新目标网络参数 $\theta'_{k,1}$、$\theta'_{k,2}$ 和 $\phi'_k$，返回步骤 1。

根据式（5-9），$y_k^{\text{CoTD3-EWMA}}$ 可表示为

$$y_k^{\text{CoTD3-EWMA}} = \hat{r}_k + \gamma \min_{i=1,2} \widetilde{Q}_{k,\theta'_i}(\hat{s}'_k, \widetilde{a}_k, \overline{a}_k) \tag{5-18}$$

图 5-5 显示了如何将 CoTD3-EWMA 算法应用于多交叉口交通信号控制问题。每个智能体的输入信息包括共享的本地状态信息和根据相邻智能体在之前时间步的动作计算的平均动作信息。每个智能体在采取动作之后都会收到重新分配的奖励。

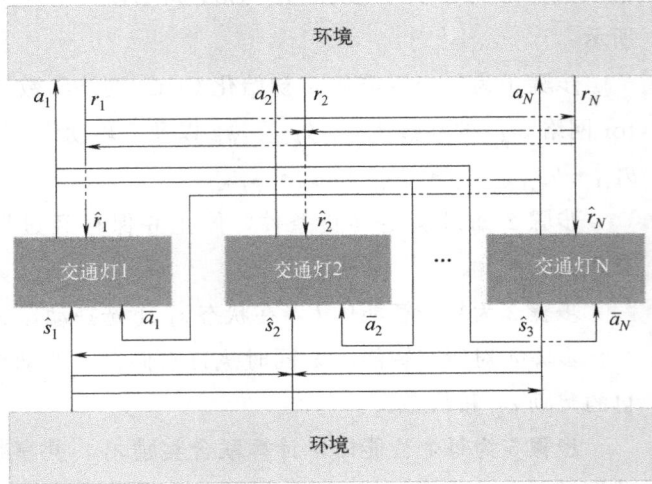

图 5-5　基于 CoTD3-EWMA 算法的多智能体交通信号控制结构图

CoTD3-EWMA 算法的伪代码如算法 5-1 所示：

---

**算法 5-1　CoTD3-EWMA 算法**

---

**Input**：每个智能体 $k$ 的初始参数 $\theta_{k,1}$、$\theta_{k,2}$、$\phi_k$ 和平均动作 $\bar{a}_k$

**Output**：每个智能体 $k$ 训练后的参数 $\theta_{k,1}$、$\theta_{k,2}$ 和 $\phi_k$

**1**　对每个智能体 $k$，根据随机参数 $\theta_{k,1}$，$\theta_{k,2}$ 和 $\phi_k$ 初始化 Critic 网络 $Q\theta_{k,1}$，$Q_{\theta_{k,2}}$ 和 Actor 网络 $C_{\phi_k}$。初始化目标网络 $\theta'_{k,1} \leftarrow \theta_{k,1}$，$\theta'_{k,2} \leftarrow \theta_{k,2}$，$\phi'_k \leftarrow \phi_k$。初始化经验回放缓存 $\xi$ 和平均动作 $\bar{a}_k$

**2**　**while** 不满足终止条件 **do**

**3**　对每个智能体 $k$，根据式（5-9）选择动作 $a_k$

**4**　采取联合动作 $\boldsymbol{a} = (a_1, \cdots, a_N)$，获得奖励 $\boldsymbol{r} = (r_1, \cdots, r_N)$ 以及下一个状态 $\boldsymbol{s}' = (s'_1, \cdots, s'_N)$

**5**　在经验回放缓存 $\xi_k$ 中存储 $\langle \hat{s}, \boldsymbol{a}, \hat{\boldsymbol{r}}, \hat{s}', \bar{\boldsymbol{a}} \rangle$

---

| 6 | 根据式（5-18）计算目标值 $Y_k^{\text{CoTD3-EWMA}}$ |
|---|---|
| 7 | **for** 智能体 $j=k$ 到智能体 $N$ **do** |
| 8 | 从经验缓存 $\xi_k$ 中抽取一组小批量样本 $\langle \hat{s}, a, \hat{r}, \hat{s}', \bar{a} \rangle$ |
| 9 | 分别计算 $\bar{a}$、$\hat{r}$、$\hat{s}$ 和 $\hat{s}'$ |
| 10 | 更新 Critic 网络参数 $\theta_{k,1}$ 和 $\theta_{k,2}$ |
| 11 | 计算延迟更新步长 $$d=\text{int}(\text{clip}(\omega e^{M^{-1}\sum(y_k^{\text{CoTD3-EWMA}}-Q_{k,\theta_i}(s,a))^2-E_L},1,5))$$ |
| 12 | 通过根据延迟更新步长 $d$ 和确定性策略梯度 $M^{-1}\sum\nabla_{a_k}Q_{\theta_{k,1}}(\hat{s}_k,a_k)\big|_{a_k=C_{\phi_k}(\hat{s}_k)}\nabla_{\phi_k}C_{\phi_k}(\hat{s}_k)$ 更新 Actor 网络的参数 $\phi_k$ |
| 13 | 更新目标网络参数 $\theta'_{k,i}\leftarrow\tau_k\theta_{k,i}+(1-\tau_k)\theta'_{k,i}$，$\phi'_k\leftarrow\tau_k\phi_k+(1-\tau_k)\phi'_k$ |
| 14 | **end** |
| 15 | **end** |

# 5.4
# 仿真与分析

## 5.4.1 仿真平台设置

交通仿真平台以及各主要模块功能已经在 4.4.1 小节中做了详细介绍，其中的一些通用模块可直接用于多智能体交通信号控制。除此之外，仿真环境主要参数如表 5-1 所示。交通网中交叉口间距离最长为300m，最短为 50m。车辆通过的交叉口的数量被定义为路由跨度，最小的为 $2n$，最大的为 $23n$，$n$ 代表智能体。各交叉口每个时间步的车辆增长速度根据具体需求可以选择 3、2 和 1。车辆最高车速定义为60km/h，最低车速为 0km/h。需要注意的是，绿灯时间应该定义在一个合理的范围内，绿灯时间过长会导致交叉口拥堵，而时间过短又会降低交通网的效率，根据文献 [116]，将左转绿灯时间和直行-右转绿灯时间分别定义为 $17s \leqslant zg \leqslant 35s$ 和 $23s \leqslant sg \leqslant 80s$。最后，每个交叉口的信号初始相位顺序被设置为 $[1,2,3,3,4,5,6,7,8]$。

表 5-1　多交叉口仿真平台主要参数设置

| 参数类型 | 值 |
| --- | --- |
| 交叉口数量 | 23 |
| 道路最短长度 | 50(m) |
| 道路最大长度 | 300(m) |
| 最小路由跨度 | 2 |
| 最大路由跨度 | 23 |
| 网格长度 | 5(m) |
| 最大行车速度 | 60(km/h) |
| 车道数 | 4(1 个左转,2 个直行,1 个直行-右转) |
| 左转最大和最小绿灯时间 | $zg_{max} = 35(s), zg_{min} = 17(s)$[116] |
| 直行-右转最大和最小绿灯时间 | $sg_{max} = 80(s), sg_{min} = 23(s)$[116] |
| 初始车辆数 | 200(辆) |
| 车辆增长速度 | 3;2;1(辆/步) |

如图 5-6 所示的交通网中圆圈标出的为交通仿真环境，如图 5-7

图 5-6　交通网环境仿真

（a）和图 5-7（b）所示，分别是高峰时期和平峰时期的多交叉口交通信号控制仿真图，其中每个矩形代表一个信号交叉口，每个交叉口都由一个智能体控制，每两个相邻的交叉口由两条单向车道连接，每条车道的颜色指示了拥堵程度，颜色越深拥堵越严重。

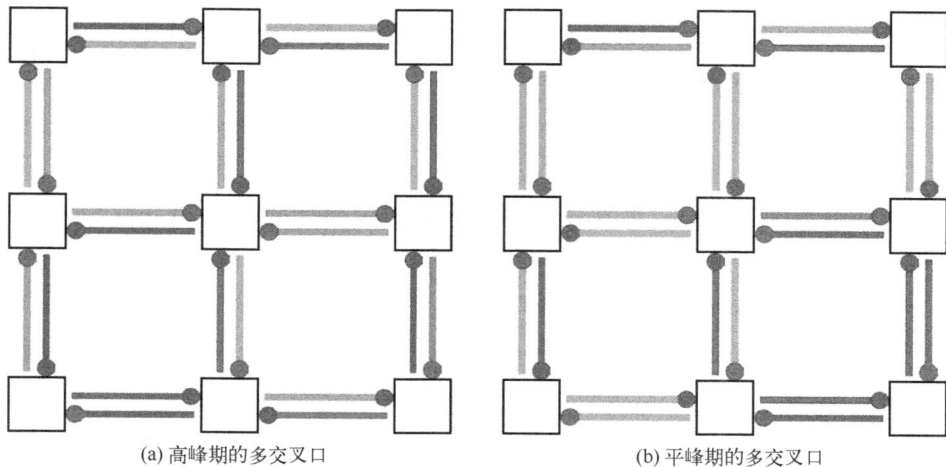

(a) 高峰期的多交叉口            (b) 平峰期的多交叉口

图 5-7　多交叉口交通信号控制仿真

## 5.4.2　算法参数设置

为了测试提出的 CoTD3-EWMA 算法的性能，将其与目前主流的多智能体深度确定性策略梯度（multi-agent deep deterministic policy gradient，MADDPG）、多智能体双延迟深度确定性策略梯度（multi-agent twin delayed deep deterministic policy gradient，MATD3）、多智能体优势演员-评论家（multi-agent advantage actor-critic，MA2C）以及合作的双 Q 学习（cooperative double Q learning，Co-DQL）四种算法在相同交通条件下进行了比较。各算法的参数设置如下：

① CoTD3-EWMA：该算法中采用多层全连接神经网络作为每个智能体的 $Q$ 函数（Critic-1 和 Critic-2）和策略函数（Actor）的函数逼近器。为了从函数逼近器获得稳定精确的输出，在隐层之间采用了非线性激活函数 ReLU，并采用 Adam 方法对神经网络参数进行更新。

Actor 网络学习速率设置为 $1e-4$，Critic 网络（Critic-1 和 Critic-2）学习速率设置为 $2e-4$。折扣因子 $\gamma$ 设置为 0.99。经验重放缓存 $\xi$ 的大小设置为 $1e+6$。小批次采样的数量设置为 64。在式（5-13）中，EWMA 的参数 $\beta$ 设置为 0.3。在奖励分配机制中，权重因子之和为 $\sum_{i=1}^{N} \alpha_i = 1$，其中 $N$ 是邻域内智能体的数量。参数 $\tau$ 被设置为 0.01，其用于更新目标网络。

② Co-DQL：该算法的网络结构和超参数设置与文献［114］中的设置完全相同。

③ MA2C：该算法的网络结构和超参数设置与文献［170］中的设置完全相同。

④ MATD3：该算法具有与 CoTD3-EWMA 几乎相同的网络结构和超参数设置。不同的是，MATD3 步长延迟更新步设置为一个固定常数 2。

⑤ MADDPG：该算法比 CoTD3-EWMA 少一个 Critic 网络，除此之外其网络结构 CoTD3-EWMA 完全相同。MADDGP 的参数设置与 CoTD3-EWMA 基本相同，只是没有延迟更新步长。

## 5.4.3　仿真结果与分析

为了全面地评估算法的有效性，分别选择了交通网内高峰时期和平峰时期两个交通场景进行仿真分析。在多智能体深度强化学习的模型训练中，高峰时期和平峰时期的平均奖励曲线分别如图 5-8 和图 5-9 所示。从这两幅图中可以看出，虽然在训练 200 次之后曲线仍有较大的波动，但是曲线的走势已经基本清晰。MADDPG 获得的奖励最小，这意味着更长的交通延迟和更严重的拥堵，其曲线在整个训练过程中波动明显，说明其存在的价值过估计问题导致奖励值表现不好，难以找到最优策略。MATD3 和 MA2C 的平均奖励优于 MADDPG，但与之相比波动更大，尤其是在 MA2C 中因为缺乏目标网络机制和经验缓存机制且 Critic 网络也存在一定的过估计问题，导致很难学习到最优策略，MATD3 由于不能对状态值进行高效的评估，其波动性也较大。Co-DQL 的平均奖励曲线的波动也较大，同样也是由于无法解决过估计问题导致的，但它使用的双估计器在一定程度上提高了性能。CoTD3-EWMA 在收敛速度、平均奖励以及曲线的稳定性方面明显优于其他四种算法，说明其中的动态延迟更新策略能根据价值估计更优质地更新 Actor 网络，其产生的更有效的数据再作为 Critic 网络的输入来优化参数，改善了 $Q$ 值过估计问题，提高了寻找最优策略的效率和能力，鲁棒性也得到了加强。此外，CoTD3-EWMA 利用平均场近似直接对其他智能体的策略进行建模，从而可以学习到更好的合作策略，使交通网的平均奖励值最大化。

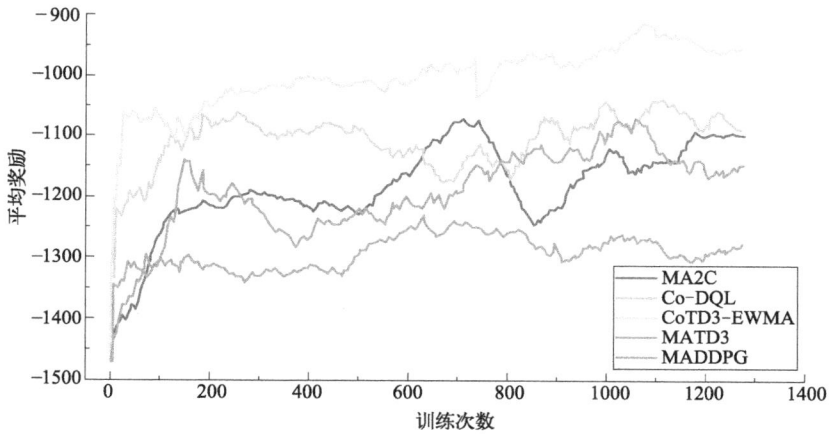

图 5-8　高峰时期的平均奖励曲线

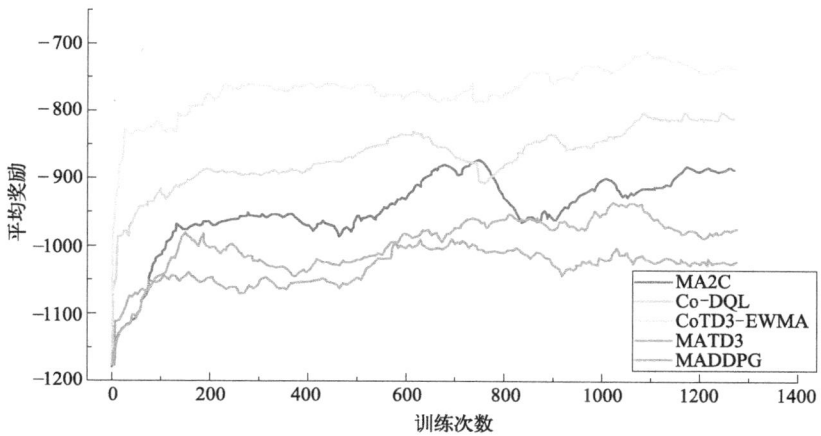

图 5-9　平峰时期的平均奖励曲线

图 5-10 和图 5-11 分别是交通网高峰时期和平峰时期的平均延迟曲线。从这两幅图可以看出，采用 CoTD3-EWMA 算法后，无论是在高峰时期还是在平峰时期，交通延迟都明显小于其他四种算法，这意味着有效地减少了交通拥堵。测试结果也与训练后的模型性能基本一致，表明本章训练的模型是有效的。

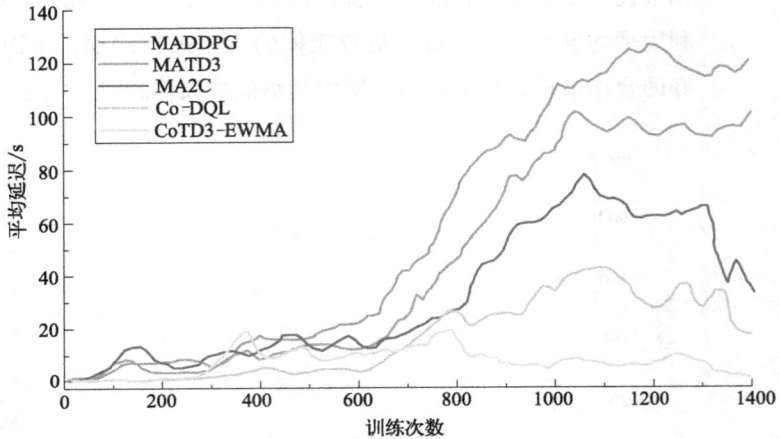

图 5-10　高峰期的平均延迟时间

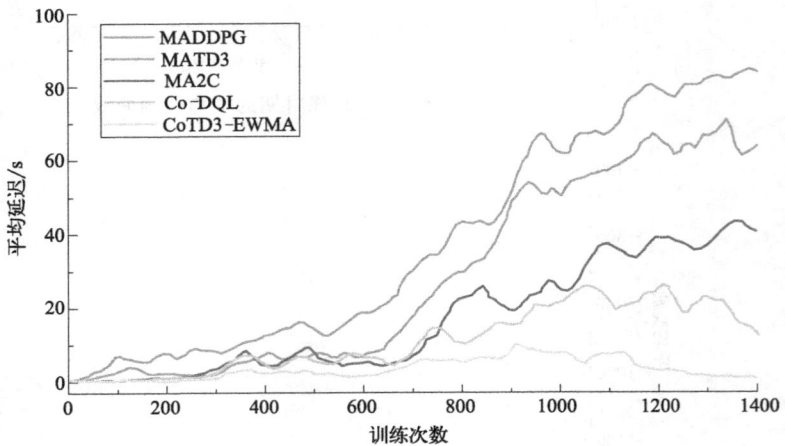

图 5-11　平峰期的平均延迟时间

如果对模型只训练一次，则有可能存在随机误差。因此，为了避免这种随机误差对算法性能产生影响，本章将分别对这五种算法对应的智能体训练 50 轮，然后进行统计分析。平均奖励的统计柱状图如图 5-12 所示，从中可以看出，与其他四种算法相比，本章提出的算法在平均奖励方面表现出了令人满意的性能。

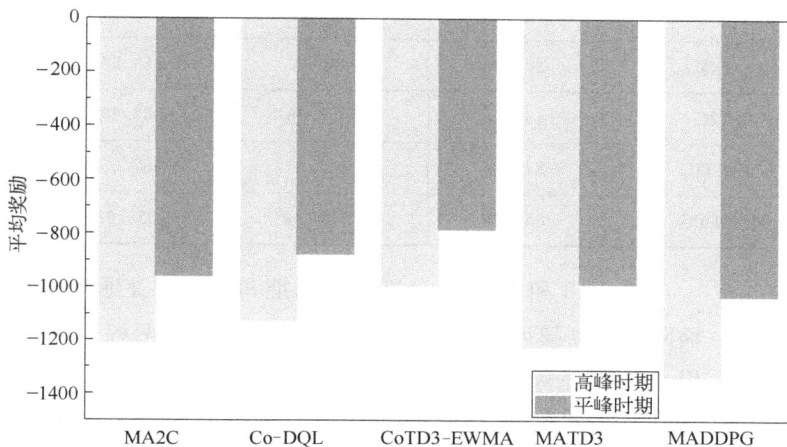

图 5-12  平均奖励的统计柱状图

如表 5-2 和表 5-3 所示，对经过 50 轮模型训练之后的奖励函数的统计进行了详细的描述，包括最好值、最差值、平均值以及标准差。从表中可以更直观地看出，采用 CoTD3-EWMA 算法的智能体获得的平均值最小即交通延迟最小，标准差也最小即鲁棒性最好。

表 5-2  高峰时期奖励值统计结果

| 算法 | 奖励函数 | | | |
| --- | --- | --- | --- | --- |
| | 最好值 | 最差值 | 平均值 | 标准差 |
| CoTD3-EWMA | **−922.55** | **−1099.45** | **−994.14** | **64.48** |
| Co-DQL | −1029.55 | −1204.45 | −1126.30 | 74.17 |
| MA2C | −1054.87 | −1334.09 | −1209.18 | 111.60 |
| MATD3 | −999.99 | −1379.83 | −1224.64 | 142.05 |
| MADDPG | −1000.67 | −1494.78 | −1339.08 | 175.34 |

表 5-3　平峰时期奖励值统计结果

| 算法 | 奖励函数 | | | |
|---|---|---|---|---|
| | 最好值 | 最差值 | 平均值 | 标准差 |
| CoTD3-EWMA | **−704.56** | **−843.64** | **−784.65** | **46.41** |
| Co-DQL | −806.66 | −950.54 | −878.57 | 52.52 |
| MA2C | −860.45 | −1065.56 | −959.60 | 81.75 |
| MATD3 | −843.36 | −1147.54 | −987.95 | 107.88 |
| MADDPG | −881.45 | −1188.34 | −1032.28 | 138.70 |

　　图 5-13 和图 5-14 分别是高峰期和平峰期交通网内某个交叉口的车辆队列长度随训练次数变化的曲线图。从这两幅图都可以看出，在使用 CoTD3-EWMA 算法时平均队列长度是最小的，而且车辆拥堵增加最慢，恢复最快。另外可以看出，当使用 CoTD3-EWMA 算法时，无论是高峰期还是平峰期车辆峰值都是最小的。如果把图 5-10 和图 5-13 比较、图 5-11 和图 5-14 比较，可以注意到这些曲线具有相似的趋势，即它们早期增加，然后在不同的训练次数达到峰值，最后趋于减少。因此可以推断出，平均队列长度与平均延迟相关联，如果等待车辆的队列逐渐变长，可能会导致后期平均延迟增加。同时，还可以注意到，

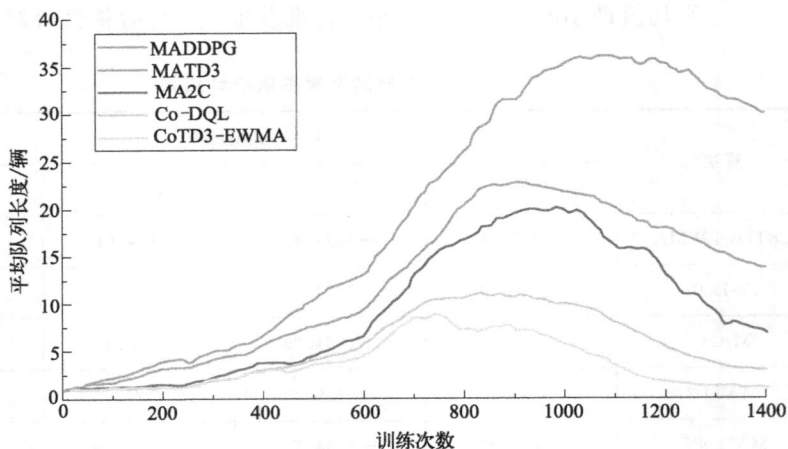

图 5-13　高峰时期的平均队列长度

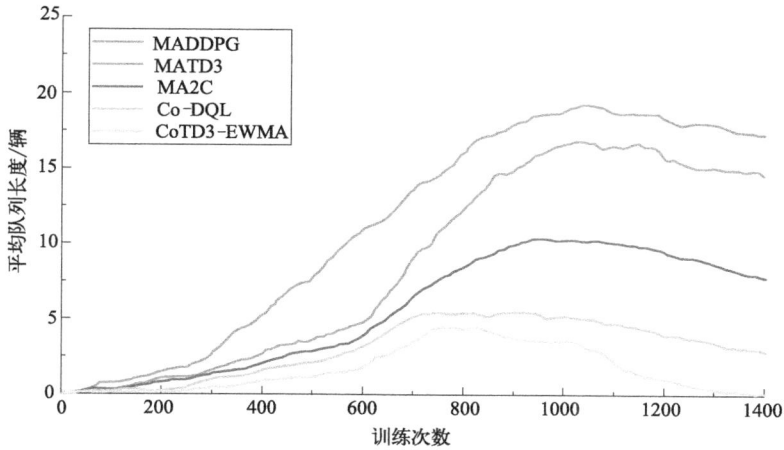

图 5-14　平峰时期的平均队列长度

所有算法都有效地从累积的车流经验数据中学习，并不同程度地减少了平均队列长度。

如表 5-4 所示为使用了 10 种不同种子的交通指标评估结果，其中平均车辆速度是通过行驶总距离除以驾驶时间计算的，行程延误是指车辆在行驶过程中的总延误时间，行程到达率是仿真结束前到达目的地的车辆数除以车辆总数。从该表中可以看出 CoTD3-EWMA 算法表现出更好且更稳定的测试性能（更小的标准差），这表明智能体之间的信息共享为智能体之间的合作带来了好处，而 CoTD3-EWMA 算法在多个度量方面获得了最佳的平均性能，这表明了平均场近似在智能体动作建模中的优势。

表 5-4　模型在各交通指标上的表现

| 交通指标 | MADDPG | MATD3 | MA2C | Co-DQL | CoTD3-EWMA |
|---|---|---|---|---|---|
| 平均车辆速度 /(m/s) | 4.21($\pm$0.51) | 4.42($\pm$0.46) | 3.79($\pm$0.31) | 4.64($\pm$0.22) | **5.33**($\pm$0.25) |
| 行程延误/s | 288.11 ($\pm$34.35) | 251.71 ($\pm$45.56) | 308.84 ($\pm$31.22) | 249.02 ($\pm$13.98) | **179.54** ($\pm$15.99) |
| 行程到达率 | 0.73 ($\pm$0.08) | 0.79 ($\pm$0.06) | 0.60 ($\pm$0.05) | 0.78 ($\pm$0.03) | **0.92** ($\pm$0.02) |

# 5.5
# 本章小结

　　交通信号控制是减少交通拥堵最有效的手段之一。多智能体深度强化学习方法在解决多交叉口交通信号控制问题上主要面临两个挑战：①如何让几十甚至上百个交叉口智能体高效协作；②面对新智能体的加入，如何保证算法的可扩展性和鲁棒性。基于以上两个挑战和文献中的一些重要研究成果，本章提出了一种叫作 CoTD3-EWMA 的完全分布式且可扩展的多智能体深度强化学习算法，用于解决多交叉口信号控制问题。为了使该算法的学习过程更加全面和稳定，并能快速收敛到最优联合策略，提出了一种智能体之间的联合奖励分配机制和状态共享机制。更详细地说，CoTD3-EWMA 算法中的动态延迟更新策略，在保证探索能力的同时改善了目前主流算法存在的 $Q$ 值过估计问题。同时，该算法引入平均场近似理论对多智能体环境进行隐式建模，不仅大幅降低了动作空间的维度还提高了智能体之间的合作能力，更易学习联合最优策略。此外，本章提出的联合奖励分配机制和状态共享机制，也提高了智能体的全局策略学习能力和鲁棒性。

　　在仿真结果方面：在以 SUMO 交通仿真工具为核心的交通仿真平台中对提出的 CoTD3-EWMA 算法进行了性能评估。为了评估该算法的性能，将其与目前四种主流的算法 Co-DQL、MA2C、MATD3 和 MADDPG 进行了比较。仿真结果表明，采用本章提出的 CoTD3-EWMA 算法、联合奖励分配机制，以及状态共享机制后，车辆平均延迟、平均队列长度、车辆行程时间、车辆平均速度，以及行车到达率等多个交通性能指标的表现较好，说明提出的 CoTD3-EWMA 算法、联合奖励分配机制，以及状态共享机制在处理多交叉口信号控制问题上是有效的。

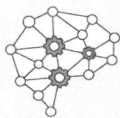

第6章

# 总结与展望

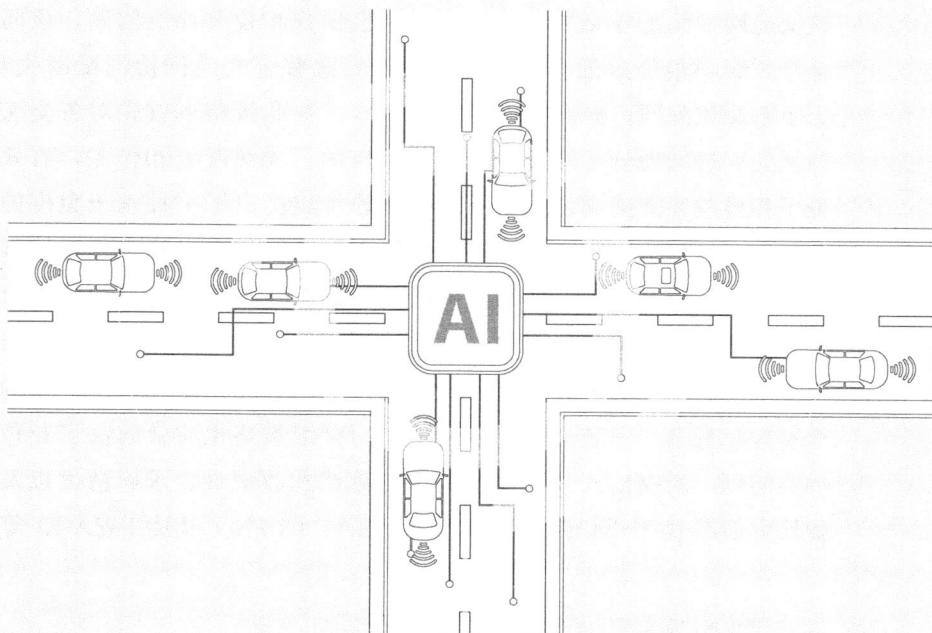

# 6.1
# 总结

　　本书分别从基于车流动力学建模及进化计算方法求解、单智能体深度强化学习和多智能体深度强化学习等三个方面对交通信号控制问题展开研究。结合问题的特征和性能指标，分别建立了每个问题对应的模型，设计了相关算法，并通过仿真验证了所提出的模型和算法的有效性。内容总结如下：

　　① 针对交通网内多交叉口信号协同控制问题，用一种半分布式的三层构架对交通网进行区域分割，把整个交通网分解为若干区域交通网，每个区域包含十几个到几十个不等的信号交叉口。在单交叉口层面，根据车流动力学特性建立了一种绿信比延迟模型，用于优化各交叉口的绿信比。然后针对相邻交叉口同样根据车流动力学特性建立了一种相位差延迟模型。通过对这两种模型的综合考虑，建立了一种交通信号协同优化模型。同时，为了使公共周期长度配置更加合理，并提高信号控制系统的协调性，提出了一种改进的公共周期模型。在环状交通网中配置各交叉口的相位差时会出现相位差冲突问题，该问题会严重影响相位差的合理配置，最终导致整个交通网协同配时失败。为了解决该问题，提出了一种分级策略，在此策略下首先对各交叉口的优先级进行划分，然后根据各交叉口的优先级配置相位差，有效避免了相位差冲突问题。根据所建模型的特点提出了一种基于免疫的烟花算法，该算法利用抗体多样性的特点克服了烟花爆炸半径对搜索范围的限制，同时利用免疫细胞间的交流机制克服了烟花之间缺乏有效交互的问题，不仅加快了算法的收敛速度，还避免了陷入局部最优，提高了算法的全局搜索能力和求解精度。仿真结果表明，所提出的模型有效降低了交通延迟时间，所提出的分级策略也有效解决了相位差冲突问题，所提出的基于免疫的烟花算法在收敛性、求解精度以及鲁棒性方面都优于 NCS、FWA、IM、GA、CLPSO 以及 FWA-EI 等目

前主流的进化计算方法。

②基于车流动力学建立的交通模型精确度较高但迁移能力稍弱，针对该问题，提出了一种基于深度强化学习的单智能体交通信号控制方法，这是一种无模型的自学习控制方法，其特点是不受交通建模准确度的影响，能从车辆与交叉口信号控制器的不断交互中学习到最优控制策略，而且针对不同的交通环境可以重新学习新的控制策略，迁移能力较好。在该问题中，首次考虑交叉口有行人穿越干扰的情况下定义了动作空间。为了验证奖励函数对交通性能指标的影响，从三个不同的角度定义了三种奖励函数，分别是交叉口处两个连续信号动作之间累积延迟差值的平均变化率、交叉口队列长度的总和以及交叉口累积延迟的差值。为了克服现有传感器针对所有车辆进行检测、存储和提取信息的不可行性，还提出了一种累积延迟近似方法，仅通过车辆队列长度和交叉口的输出车辆数来近似计算车辆延迟。在算法设计方面，提出了一种基于动态权重的 soft actor-critic 深度强化学习算法，当智能体采取的动作明显有助于系统性能的提高时增强更新范围，否则削弱更新范围，显著地提高了传统 soft actor-critic 算法的收敛效率和收敛性能。仿真结果表明，提出的状态空间、奖励函数以及累积延迟近似模型和基于动态权重的 soft actor-critic 深度强化学习算法能有效优化交叉口的信号配时，大幅降低车辆延迟时间、车辆停车次数以及车辆队列长度等，所提出的基于动态权重的 soft actor-critic 深度强化学习算法在收敛效率和收敛性能方面优于 TD3、DDPG、SAC 等目前主流的深度强化学习算法。

③在求解多交叉口信号控制问题时，由于交叉口数量较多，采用单智能体深度强化学习方法不易获得全局最优配时、动作空间易出现维度灾难以及容易出现 $Q$ 值过估计等问题。通过引入平均场理论，提出了一种完全分布式的、可扩展的多智能体深度强化学习算法，称为合作的基于指数加权移动平均的动态延迟更新双延迟深度确定性策略梯度算法，该算法采用的动态延迟更新策略是用 Critic 网络的损失函数的指数加权移动平均值来动态调整 Actor 网络的延迟更新步长，改善了传统的双延迟深度确定性策略梯度算法尚未完全解决的 $Q$ 值过估计问

题。为了使交通网内的多个智能体能学习到更好的合作策略，基于平均场理论将多个智能体之间的交互近似地视为单个智能体和一个由其他智能体平均产生的虚拟智能体之间的交互，在环境中所有智能体之间隐式地传递动作信息。为了使智能体的学习过程更加全面和鲁棒，提出了一种新的联合奖励分配机制和状态共享机制。仿真结果表明，所提出的 CoTD3-EWMA 算法与 Co-DQL、MA2C、MATD3 和 MAD-DPG 等四种目前主流的多智能体深度强化学习算法相比在收敛速度、平均奖励以及稳定性方面都有更好的性能。采用 CoTD3-EWMA 算法、联合奖励分配机制以及状态共享机制后，车辆平均延迟、平均队列长度、车辆行程时间、车辆平均速度以及行车到达率等多个交通性能指标的表现较好，说明提出的 CoTD3-EWMA 算法、联合奖励分配机制以及状态共享机制在处理多交叉口信号控制问题上是有效的。

# 6.2
## 展望

世界人口的持续增长和城市化水平的不断提高导致城市交通网的规模和复杂程度也在不断提高，传统的基于车流动力学建模的方法以及简单的强化学习方法来协同控制交叉口信号会显得越来越力不从心，近年来智能交通的发展和智慧城市概念的提出，为交通信号控制注入了新的活力，后续可以进行以下几个方面的研究：

① 本书提出了基于车流动力学建模的交通信号协同优化模型，并提出了一种分级策略，实现了各交叉口间的信号协同配时，并有效地解决了相位差冲突，避免了潜在的交通拥堵。需要注意的是，本书把交通网分解为区域交通网时参照的是历史交通流数据，如果将工作扩展到基于实时交通流数据来动态分解交通网可能会有更好的效果。此外，本书在建模过程中默认是全车辆通过，忽略了行人对交通信号控制的影响，在后续建模中应该把行人通过交叉口这个约束条件考虑到。

② 本书研究了基于单智能体深度强化学习的交通信号控制问题，

提出的三种奖励函数以及累积延迟近似方法，在该问题中取得了良好的效果，提出的算法相比主流的单智能体深度强化学习算法性能更优。在后续的工作中应当考虑当把该算法扩展到多交叉口信号控制问题时性能如何，对算法的迁移能力和鲁棒性需要进一步评估。

③ 本书在基于单智能体深度强化学习交通信号控制研究的基础上，扩展到了基于多智能体深度强化学习的多交叉口信号控制，提出了一种合作的基于指数加权移动平均的动态延迟更新双延迟深度确定性策略梯度算法。该算法通过引入了平均场近似理论和指数加权移动平均，不仅成功解决了动作空间的维度灾难问题，还解决了传统双延迟深度确定性策略梯度算法易出现 $Q$ 值过估计的问题。需要注意的是书中默认多个智能体是同构状态的，当交通网中各交叉口的交通环境不同时，各交叉口智能体就会出现功能上的差别，此时会出现多个异构智能体，平均场理论将不再适用，因此对于多异构智能体的交通信号控制问题应该如何处理，后续需要深入研究。

④ 随着车联网技术的发展，目前车辆与车辆之间（V2V），车辆与基础设施之间（V2I）以及互联自动车辆之间（CAV）的通信和控制催生出了一种无信号的交叉口控制技术，这也是将来研究的一个重要方向。

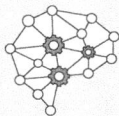

附录

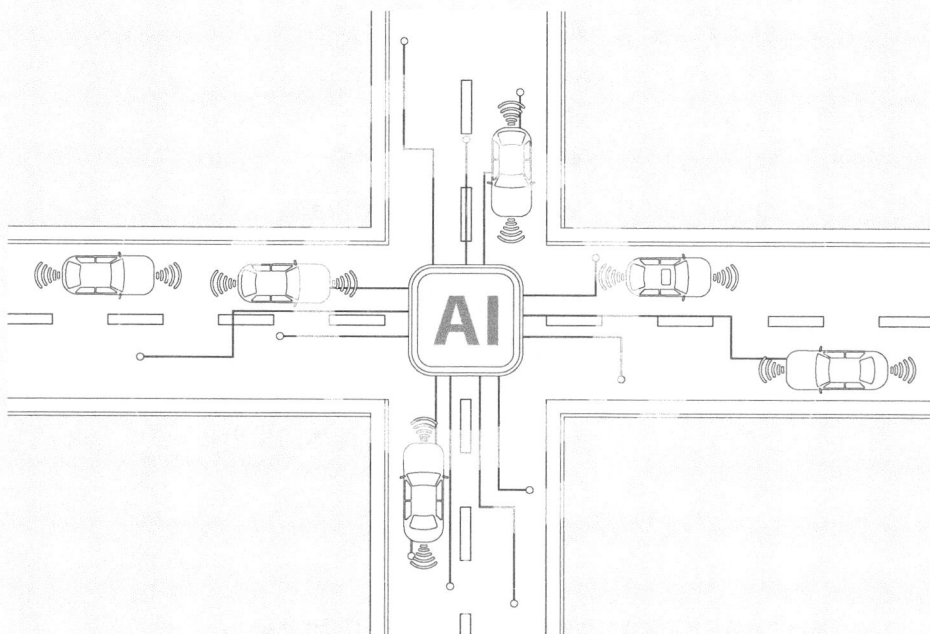

# 主要符号表

| | |
|---|---|
| $T$ | 信号周期长度，s |
| $\lambda$ | 绿信比 |
| $O_{\mathrm{r}}$ | 相对相位差，s |
| $O_{\mathrm{b}}$ | 绝对相位差，s |
| $v_{\mathrm{d}}$ | 下行车流速度，$\mathrm{m \cdot s^{-1}}$ |
| $v_{\mathrm{u}}$ | 上行车流速度，$\mathrm{m \cdot s^{-1}}$ |
| $D_{ph}$ | 相位差延迟时间，s |
| $D_{g}$ | 绿信比延迟时间，s |
| $P$ | 烟花生成的火花数量 |
| $U$ | 烟花的爆炸幅度 |
| $S(\cdot)$ | 不同烟花之间的距离 |
| $A(\cdot)$ | 抗体与抗原之间的亲和力 |
| $M(\cdot)$ | 抗体浓度 |
| $\zeta(\cdot)$ | 抗体激励度 |
| $V(\cdot)$ | 状态值函数 |
| $Q(\cdot)$ | 状态-动作对值函数 |
| $V^{*}(\cdot)$ | 最优状态值函数 |
| $Q^{*}(\cdot)$ | 最优状态-动作对值函数 |
| $\gamma$ | 折扣因子 |
| $\pi$ | 智能体的策略 |
| $L(\cdot)$ | 损失函数 |
| $\mathfrak{N}^{\mathrm{Nash}}$ | 纳什算子 |
| $\mathcal{N}(k)$ | 智能体 $k$ 的邻近智能体的索引集 |
| $\alpha_{t}$ | 学习率 |
| $\Delta t$ | 动作时间间隔，s |

| | |
|---|---|
| $fdw$ | 闪烁禁止步行时间，s |
| $CD$ | 累积延迟，s |
| $r^k$ | 时间步为 $k$ 时的奖励函数 |
| $R_{\text{cur}}$ | 当前奖励值 |
| $R_{\text{prv}}$ | 先前奖励值 |
| $Ratio_c$ | Critic 网络参数更新比值 |
| $\theta_i$ | Critic 网络的参数 |
| $\varepsilon_c$ | Critic 网络的学习率 |
| $Ratio_a$ | Actor 网络参数的梯度权重 |
| $\phi$ | Actor 网络的参数 |
| $\xi_a$ | Actor 网络防震荡阈值 |
| $V(s_t)$ | 软状态值函数 |
| $Z^{\pi_{\text{old}}}(s_t)$ | 配分函数 |
| $\epsilon_t$ | 输入噪声 |
| $\mathcal{H}$ | 熵的期望的最小值 |
| $\alpha_T$ | 对偶变量 |
| $\alpha_T^*$ | 最优对偶变量 |
| ReLU | 激活函数 |
| $\tau$ | 目标平滑系数 |
| $s_{k,t}$ | 交叉口 $k$ 在时间步 $t$ 时的状态 |
| $r_{k,t}$ | 交叉口 $k$ 在时间步 $t$ 时的奖励 |
| $wait[\cdot]$ | 车辆等待时间，s |
| $queue[\cdot]$ | 车辆队列长度，vel |
| $\pi^*$ | 智能体的最优策略 |
| $p(s',r\mid s,a)$ | 动态概率分布 |
| $C_{k,\phi}$ | Actor 网络 |
| $\widetilde{C}_{k,\phi'}$ | Actor 目标网络 |
| $Q_{k,\theta_i}$ | Critic 网络 |
| $\widetilde{Q}_{k,\theta_i'}$ | Critic 目标网络 |

| | | |
|---|---|---|
| $y_k$ | | 目标值 |
| $M$ | | 样本数量 |
| $\varepsilon'$ | | 随机噪声 |
| $\beta$ | | 下降率的权重值 |
| $E_L$ | | 指数加权移动平均损失函数 |
| $\omega$ | | 线性系数 |
| $\hat{r}_k$ | | 智能体 $k$ 的联合奖励值 |
| $\alpha_i$ | | 可变权重因子 |
| $\hat{s}_k$ | | 智能体 $k$ 的共享状态 |
| $\overline{a}_k$ | | 智能体 $k$ 的平均场动作 |
| $\xi_k$ | | 智能体 $k$ 的经验缓存 |
| $d$ | | 延迟更新步长 |
| $\theta_{k,1}$ | | 智能体 $k$ 的 Critic1 网络参数 |
| $\theta_{k,2}$ | | 智能体 $k$ 的 Critic2 网络参数 |
| $\theta'_{k,1}$ | | 智能体 $k$ 的 Critic1 目标网络参数 |
| $\theta'_{k,2}$ | | 智能体 $k$ 的 Critic2 目标网络参数 |
| $\phi_k$ | | 智能体 $k$ 的 Actor 网络参数 |
| $\phi'_k$ | | 智能体 $k$ 的 Actor 目标网络参数 |
| $zg_{\max}$ | | 左转最大绿灯时间，s |
| $zg_{\min}$ | | 左转最小绿灯时间，s |
| $sg_{\max}$ | | 直行-右转最大绿灯时间，s |
| $sg_{\min}$ | | 直行-右转最小绿灯时间，s |

# 参考文献

[1]  Morichi S. Long-term strategy for transport system in asian megacities [J]. Journal of the Eastern Asia society for transportation studies. 2005，34（6）：1-22.

[2]  Kopits E，Cropper M. Traffic fatalities and economic growth [M]. Washington：The World Bank，2003.

[3]  朱晓静，张颖达. 城市道路交通堵点治理探析 [J]. 综合运输. 2021，43（7）：40-44.

[4]  李星，张立. 高速公路改扩建工程中交通拥堵路段改造方案研究 [J]. 公路. 2021，66（6）：294-297.

[5]  费春风. 浅析城市快速路的拥堵成因分析与有效治理 [J]. 警察技术. 2021，35（3）：87-89.

[6]  王萍萍. 人口总量降幅收窄人口素质持续提升 [EB/OL]. 国家统计局，2025-01-17. https://www.stats.gov.cn/sj/sjjd/202501/t20250117-1958337.html.

[7]  刘伟莉. 问题特征驱动的差分进化算法设计及其在智能交通系统的应用 [D]. 广州：华南理工大学，2020.

[8]  许舒婧. 基于遗传分解模糊系统的信号配时优化研究 [D]. 北京：北京交通大学，2020.

[9]  姒卫锜. 基于 ITS 体系框架的智能交通信号控制系统设计开发实践 [D]. 杭州：浙江大学，2020.

[10]  清华大学数据科学研究院. 2023 中国城市交通报告 [M]. 北京：人民交通出版社，2023.

[11]  章国鹏. 信号协调控制下的干线交通安全分析 [D]. 成都：西南交通大学，2019.

[12]  余颢. 基于状态预测的交通拥堵控制研究与应用 [D]. 合肥：中国科学技术大学，2020.

[13]  郭瑝清. 城市干线的动态协调控制研究 [D]. 合肥：中国科学技术大

学，2020.

[14] 杜斐，何嘉文，王宣明，等. 一种多核处理器芯片设计与实现关键技术研究 [J]. 计算机技术与发展. 2021，31（6）：65-69.

[15] 葛悦涛，任彦. 2020 年人工智能芯片技术发展综述 [J]. 无人系统技术. 2021，14（2）：14-19.

[16] 黄帅凤. 基于智能网联交通系统的环境感知技术探究 [J]. 中国交通信息化. 2021，S1（6）：21-27.

[17] 陈星. 5G 在智慧交通中的应用 [J]. 中国信息界. 2021，23（3）：70-79.

[18] 孔烜，张杰，邓露，等. 基于机器视觉的车辆检测与参数识别研究进展 [J]. 中国公路学报. 2021，34（4）：13-30.

[19] 郑宇. 智能物联网技术的应用及发展 [J]. 计算机与网络. 2021，47（8）：46-55.

[20] 夏元清，闫策，王笑京，等. 智能交通信息物理融合云控制系统 [J]. 自动化学报. 2019，45（1）：132-142.

[21] 汤旻安. 非均衡路网下交通信号组合优化控制策略 [J]. 控制工程. 2019，26（1）：144-149.

[22] 刘小明，唐少虎，朱凤华，等. 基于 mfd 的城市区域过饱和交通信号优化控制 [J]. 自动化学报. 2017，43（7）：1220-1233.

[23] John L, Kelson M, Gartner N. A versatile program for setting signals on arteries and triangular networks [J]. Transp. Res. Rec. J. Transp. Res. Board. 1981，79（5）：40-46.

[24] Gartner N H, Assman S F, Lasaga F, et al. A multi-band approach to arterial traffic signal optimiza-tion [J]. Transportation Research Part B：Methodological. 1991，25（1）：55-74.

[25] Kesur K B. Generating more equitable traffic signal timing plans [J]. Transportation research record. 2010，92（1）：108-115.

[26] Little J D. The synchronization of traffic signals by mixed-integer linear programming [J]. Operations Research. 1966，14（4）：568-594.

[27] Wallace C E, Courage K G. Arterial progression-new design approach [J]. Transportation Research Record. 1982，88（1）：53-59.

[28] Lieberman E B, Chang J, Shenk P E. Formulation of real-time control policy for oversaturated arterials [J]. Transportation Research Record. 2000，27

(1): 77-88.

[29]  Miller A J. Settings for fixed-cycle traffic signals [J]. Journal of the Operational Research Society. 1963, 14 (4): 373-386.

[30]  Hunt P, Robertson D, Bretherton R, et al. The scoot on-line traffic signal optimisation technique [J]. Traffic Engineering & Control. 1982, 23 (4): 651-665.

[31]  Lowrie P. Scats-a traffic responsive method of controlling urban traffic. roads and traffic authority [J]. NSW, Australia. 1992, 63 (12): 391-402.

[32]  Mirchandani P, Head L. A real-time traffic signal control system: architecture, algorithms, and anal-ysis [J]. Transportation Research Part C: Emerging Technologies. 2001, 9 (6): 415-432.

[33]  Kraus W, Souza F A, Carlson R C, et al. Cost effective real-time traffic signal control using the tuc strategy [J]. IEEE Intelligent Transportation Systems Magazine. 2010, 2 (4): 6-17.

[34]  Hunter M P, Wu S K, Kim H K, et al. A probe-vehicle-based evaluation of adaptive traffic signal control [J]. IEEE Transactions on Intelligent Transportation Systems. 2012, 13 (2): 704-713.

[35]  Zhu F, Li G, Li Z, et al. A case study of evaluating traffic signal control systems using computational experiments [J]. IEEE Transactions on Intelligent Transportation Systems. 2011, 12 (4): 1220-1226.

[36]  Larry H K. Event-based short-term traffic flow prediction model [J]. Transportation Research Record. 1995, 15 (10): 45-52.

[37]  Tan C W, Park S, Liu H, et al. Prediction of transit vehicle arrival time for signal priority control: Algorithm and performance [J]. IEEE Transactions on Intelligent Transportation Systems. 2008, 9 (4): 688-696.

[38]  Sun J, Zhang L. Vehicle actuation based short-term traffic flow prediction model for signalized inter-sections [J]. Journal of Central South University. 2012, 19 (1): 287-298.

[39]  Zheng X, Recker W. An adaptive control algorithm for traffic-actuated signals [J]. Transportation Research Part C: Emerging Technologies. 2013, 30 (9): 93-115.

[40]  Lin S, De S B, Xi Y, et al. Fast model predictive control for urban road net-

works via milp [J]. IEEE Transactions on Intelligent Transportation Systems. 2011, 12 (3): 846-856.

[41]  Tiaprasert K, Zhang Y, Wang X B, et al. Queue length estimation using connected vehicle technology for adaptive signal control [J]. IEEE Transactions on Intelligent Transportation Systems. 2015, 16 (4): 2129-2140.

[42]  Lee R H, Ting T, Lieberman B, et al. Regulation of retinal cgmp cascade by phosducin in bovinerod photoreceptor cells. interaction of phosducin and transducin. [J]. Journal of Biological Chemistry. 1992, 267 (35): 25104-25112.

[43]  Wu Y T, Ho C H. The development of taiwan arterial traffic-adaptive signal control system and its field test: A taiwan experience [J]. Journal of Advanced Transportation. 2009, 43 (4): 455-480.

[44]  Gartner N H, Pooran F J, Andrews C M. Implementation of the opac adaptive control strategy in a traffic signal network [C]// IEEE. ITSC 2001. 2001 IEEE Intelligent Transportation Systems. Proceedings (Cat. No. 01TH8585): IEEE, 2001: 195-200.

[45]  Sen S, Head K L. Controlled optimization of phases at an intersection [J]. Transportation science. 1997, 31 (1): 5-17.

[46]  Lin W H, Wang C. An enhanced 0-1 mixed-integer lp formulation for traffic signal control [J]. IEEE Transactions on Intelligent transportation systems. 2004, 5 (4): 238-245.

[47]  Lertworawanich P, Kuwahara M, Miska M. A new multiobjective signal optimization for oversatu-rated networks [J]. IEEE Transactions on Intelligent Transportation Systems. 2011, 12 (4): 967-976.

[48]  Genders W, Razavi S. Using a deep reinforcement learning agent for traffic signal control [J]. arXiv preprint arXiv: 1611. 01142. 2016.

[49]  Genders W, Razavi S. Evaluating reinforcement learning state representations for adaptive traffic signal control [J]. Procedia computer science. 2018, 130 (8): 26-33.

[50]  Genders W, Razavi S. Asynchronous n-step q-learning adaptive traffic signal control [J]. Journal of Intelligent Transportation Systems. 2019, 23 (4): 319-331.

[51] Mnih V, Badia A P, Mirza M, et al. Asynchronous methods for deep reinforcement learning [C]// PMLR. International conference on machine learning: PMLR, 2016: 1928-1937.

[52] Li L, Lv Y, Wang F Y. Traffic signal timing via deep reinforcement learning [J]. IEEE/CAA Journal of Automatica Sinica. 2016, 3 (3): 247-254.

[53] Mousavi S S, Schukat M, Howley E. Traffic lightcontrol using deep policy-gradient and value-function-based reinforcement learning [J]. IET Intelligent Transport Systems. 2017, 11 (7): 417-423.

[54] Mnih V, Kavukcuoglu K, Silver D, et al. Human-level control through deep reinforcement learning [J]. nature. 2015, 518 (12): 529-533.

[55] Shabestary S MA, Abdulhai B. Deep learning vs. discrete reinforcement learning for adaptive traffic signal control [C]// IEEE. 2018 21st International Conference on Intelligent Transportation Systems (ITSC): IEEE, 2018: 286-293.

[56] Choe C J, Baek S, Woon B, et al. Deep q learning with lstm for traffic light control [C]// IEEE. 2018 24th Asia-Pacific Conference on Communications (APCC): IEEE, 2018: 331-336.

[57] Natafgi M B, Osman M, Haidar A S, et al. Smart traffic light system using machine learning [C]// IEEE. 2018 IEEE International Multidisciplinary Conference on Engineering Technology (IMCET): IEEE, 2018: 1-6.

[58] Van der Pol E, Oliehoek F A. Coordinated deep reinforcement learners for traffic light control [C]. NIPS: volume 1, 2016: 358-369.

[59] Wiering M A. Multi-agent reinforcement learning for traffic light control [C]. Machine Learning: Proceedings of the Seventeenth International Conference (ICML' 2000), 2000: 1151-1158.

[60] Shi S, Chen F. Deep recurrent q-learning method for area traffic coordination control [J]. Journal of Advances in Mathematics and Computer Science. 2018, 1-11.

[61] Tan T, Bao F, Deng Y, et al. Cooperative deep reinforcement learning for large-scale traffic grid signal control [J]. IEEE transactions on cybernetics. 2019, 50 (6): 2687-2700.

[62] NishiT, Otaki K, Hayakawa K, et al. Traffic signal control based on rein-

forcement learning with graph convolutional neural nets ［C］// IEEE. 2018 21st International Conference on Intelligent Transportation Systems（ITSC）：IEEE，2018：877-883.

［63］ Riedmiller M. Neural fitted q iterationfirst experiences with a data efficient neural reinforcement learning method ［C］//Springer. European Conference on Machine Learning：Springer，2005：317-328.

［64］ Calvo JA，Dusparic I. Heterogeneous multi-agent deep reinforcement learning for traffic lights control. ［C］. AICS，2018：2-13.

［65］ Foerster J，NardelliN，Farquhar G，et al. Stabilising experience replay for deep multi-agent reinforce-ment learning ［C］// PMLR. International conference on machine learning：PMLR，2017：1146-1155.

［66］ Casas N. Deep deterministic policy gradient for urban traffic light control ［J］. arXiv preprint arXiv：1703. 09035. 2017.

［67］ Coşkun M，Baggag A，Chawla S. Deep reinforcement learning for traffic light optimization ［C］// IEEE. 2018 IEEE International Conference on Data Mining Workshops（ICDMW）：IEEE，2018：564-571.

［68］ Goodall N J，Smith B L，Park B. Traffic signal control with connected vehicles ［J］. Transportation Research Record. 2013，23（1）：65-72.

［69］ van der Pol E. Deep reinforcement learning for coordination in traffic light control ［D］. Amsterdam：University of Amsterdam，2016.

［70］ Lin Y，Dai X，Li L，et al. An efficient deep reinforcement learning model for urban traffic control ［J］. arXiv preprint arXiv：1808. 01876. 2018.

［71］ He Q，Head K L，Ding J. Pamscod：Platoon-based arterial multi-modal signal control with online data ［J］. Transportation Research Part C：Emerging Technologies. 2012，20（1）：164-184.

［72］ Feng Y，Head KL，Khoshmagham S，et al. A real-time adaptive signal control in a connected vehicle environment ［J］. Transportation Research Part C：Emerging Technologies. 2015，55（12）：460-473.

［73］ Gradinescu V，Gorgorin C，Diaconescu R，et al. Adaptive traffic lights using car-to-car communication ［C］// IEEE. 2007 IEEE 65th vehicular technology conference-VTC2007-Spring：IEEE，2007：21-25.

［74］ Pandit K，Ghosal D，Zhang H M，et al. Adaptive traffic signal control with vehicular ad hoc networks [J]. IEEE Transactions on Vehicular Technology. 2013, 62 (4): 1459-1471.

[75] Xie X F, Barlow G J, Smith S F, et al. Platoon-based self-scheduling for real-time traffic signal control [C]// IEEE. 2011 14th International IEEE Conference on Intelligent Transportation Systems (ITSC): IEEE, 2011: 879-884.

[76] Diakaki C, Papageorgiou M, Dinopoulou V, et al. State-of-the-art and-practice review of public transport priority strategies [J]. IET Intelligent Transport Systems. 2015, 9 (4): 391-406.

[77] Islam B A, Hajbabaie A. Distributed coordinated signal timing optimization in connected transportation networks [J]. Transportation Research Part C: Emerging Technologies. 2017, 80 (7): 272-285.

[78] Guler S I, Menendez M, Meier L. Using connected vehicle technology to improve the efficiency of intersections [J]. Transportation Research Part C: Emerging Technologies. 2014, 46 (1): 121-131.

[79] Sun W, Zheng J, Liu H X. A capacity maximization scheme for intersection management with automated vehicles [J]. Transportation research part C: emerging technologies. 2018, 94 (8): 19-31.

[80] Xu B, Ban X J, Bian Y, et al. V2i based cooperation between traffic signal and approaching automated vehicles [C]// IEEE. 2017 IEEE Intelligent Vehicles Symposium (Ⅳ): IEEE, 2017: 1658-1664.

[81] Yang K, Guler S I, Menendez M. Isolated intersection control for various levels of vehicle technology: Conventional, connected, and automated vehicles [J]. Transportation Research Part C: Emerging Technologies. 2016, 72 (10): 109-129.

[82] Yu C, Feng Y, Liu H X, et al. Integrated optimization of traffic signals and vehicle trajectories at isolated urban intersections [J]. Transportation Research Part B: Methodological. 2018, 112 (5): 89-112.

[83] Li Z, Elefteriadou L, Ranka S. Signal control optimization for automated vehicles at isolated signalized intersections [J]. Transportation Research Part C: Emerging Technologies. 2014, 49 (3): 1-18.

[84] Lowrie P. Scats, sydney coordinated adaptive traffic system: A traffic responsive method of controlling urban traffic [M]. Cham: Springer, 1990.

［85］ 柯良军. 蚁群智能优化方法及应用［M］. 北京：清华大学出版社，2017.

［86］ 尚春琳，刘小明，田玉林，等. 基于深度强化学习的综合干线协调控制方法［J］. 交通运输系统工程与信息. 2021，21（3）：64-70.

［87］ Puterman M L. Markov decision processes［J］. Handbooks in operations research and management science. 1990，2（6）：331-434.

［88］ Sutton R S，Barto A G. Reinforcement learning：An introduction［M］. Boston：MIT press，2018.

［89］ 史豪斌，徐梦. 基于强化学习的旋翼无人机智能追踪方法［J］. 电子科技大学学报. 2019，48（4）：553-559.

［90］ 聂雷，刘博，李鹏，等. 基于多智能体 Q 学习的异构车载网络选择方法［J］. 计算机工程与科学. 2021，43（5）：836-844.

［91］ Hinton G E，Salakhutdinov R R. Reducing the dimensionality of data with neural networks［J］. science. 2006，313（5786）：504-507.

［92］ Bengio Y. Learning deep architectures for AI［M］. Cham：Springer，2009.

［93］ Lange S，Riedmiller M. Deep autoencoder neural networks in reinforcement learning［C］// IEEE. The 2010 International Joint Conference on Neural Networks（IJCNN）：IEEE，2010：1-8.

［94］ Tsitsiklis J N，Van R B. An analysis of temporal-difference learning with function approximation［J］. IEEE transactions on automatic control. 1997，42（5）：674-690.

［95］ Dai B，Shaw A，Li L，et al. Sbeed：Convergent reinforcement learning with nonlinear function approximation［C］// PMLR. International Conference on Machine Learning：PMLR，2018：1125-1134.

［96］ Nachum O，Gu S，Lee H，et al. Data-efficient hierarchical reinforcement learning［J］. arXiv preprint arXiv：1805. 08296. 2018.

［97］ Tesauro G. Tdgammon，a selfteaching backgammon program，achieves master-level play［J］. Neural computation. 1994，6（2）：215-219.

［98］ Schaul T，Quan J，Antonoglou I，et al. Prioritized experience replay［J］. arXiv preprint arXiv：1511. 05952. 2015.

［99］ Littman M L. Markov games as a framework for multi-agent reinforcement learning［M］. Amsterdam：Elsevier，1994.

［100］ Hu J，Wellman M P. Nash q-learning for general-sum stochastic games

　　　　　　　[J]. Journal of machine learning research. 2003, 4 (11): 1039-1069.

[101]　Bowling M, Veloso M. Multiagent learning using a variable learning rate [J]. Artificial Intelligence. 2002, 136 (2): 215-250.

[102]　Littman M L. Friend-or-foe q-learning in general-sum games [C]. ICML: volume 1, 2001: 322-328.

[103]　He H, Boyd-Graber J, Kwok K, et al. Opponent modeling in deep reinforcement learning [C]// PMLR. International conference on machine learning: PMLR, 2016: 1804-1813.

[104]　Gupta J K, Egorov M, Kochenderfer M. Cooperative multi-agent control using deep reinforcement learning [C]// Springer. International Conference on Autonomous Agents and Multiagent Systems: Springer, 2017: 66-83.

[105]　Peng P, Yuan Q, Wen Y, et al. Multiagent bidirectionally coordinated nets for learning to play starcraft combat games [J]. arXiv preprint arXiv: 1703. 10069. 2017.

[106]　Foerster J, Farquhar G, Afouras T, et al. Counterfactual multi-agent policy gradients [C]. Proceedings of the AAAI Conference on Artificial Intelligence: volume 32, 2018: 351-361.

[107]　Lowe R, Wu Y, Tamar A, et al. Multi-agent actor-critic for mixed cooperative-competitive environments [J]. arXiv preprint arXiv: 1706. 02275. 2017.

[108]　Blume L E. The statistical mechanics of strategic interaction [J]. Games and economic behavior. 1993, 5 (3): 387-424.

[109]　Fisher M E. Phase transitions and critical phenomena [C]. Proceedings of the International Symposium on Contemporary Physics: volume 9, 1969: 132-143.

[110]　柯良军. 强化学习 [M]. 北京: 清华大学出版社, 2019.

[111]　Yang Y, Luo R, Li M, et al. Mean field multi-agent reinforcement learning [C]// PMLR. International Conference on Machine Learning: PMLR, 2018: 5571-5580.

[112]　Aslani M, Seipel S, Wiering M. Continuous residual reinforcement learning for traffic signal control optimization [J]. Canadian Journal of Civil Engineering. 2018, 45 (8): 690-702.

[113]　Aslani M, Mesgari M S, Seipel S, et al. Developing adaptive traffic signal

control by actor-critic and direct exploration methods ［C］// Thomas Telford Ltd. Proceedings of the Institution of Civil Engineers-Transport：volume 172：Thomas Telford Ltd，2019：289-298.

[114] Wang X，Ke L，Qiao Z，et al. Large scale traffic signal control using a novel multiagent reinforcement learning ［J］. IEEE transactions on cybernetics. 2021，51（1）：174-187.

[115] Lafferriere G. A decentralized network consensus control approach for urban traffic signal optimization ［M］. Amsterdam：Elsevier，2019.

[116] Sutandi A C. Advanced traffic control systems：Performance evaluation in a developing country ［M］. Germany：LAP Lambert Academic Publishing Saarbrken，2020.

[117] Bing Q，Qu D，Chen X，et al. Arterial travel time estimation method using scats traffic data based on knn-lssvr model ［J］. Advances in Mechanical Engineering. 2019，11（5）：1687-1700.

[118] Cho H J，Huang T J，Huang C C. Path-based maxband with green-split variables and traffic dispersion ［J］. Transportmetrica B：Transport Dynamics. 2019，7（1）：726-740.

[119] Tian R，Zhang X. Design and evaluation of an adaptive traffic signal control system-a case study in hefei，china ［J］. Transportation Research Procedia. 2017，21（11）：141-153.

[120] Gao K，Zhang Y，Zhang Y，et al. Meta-heuristics for bi-objective urban traffic light scheduling problems ［J］. IEEE Transactions on Intelligent Transportation Systems. 2018，20（7）：2618-2629.

[121] Priemer C，Friedrich B. A decentralized adaptive traffic signal control using v2i communication data ［C］// IEEE. 2009 12th International IEEE Conference on Intelligent Transportation Systems：IEEE，2009：1-6.

[122] Afif F A，Rachmadi M F，Wibowo A，et al. Enhanced adaptive traffic signal control system using camera sensor and embedded system ［C］// IEEE. 2011 International Symposium on Micro-NanoMechatronics and Human Science：IEEE，2011：367-372.

[123] Jamal A，Rahman M T，Al-Ahmadi H M，et al. Intelligent intersection control for delay optimization：Using meta-heuristic search algorithms ［J］.

Sustainability. 2020, 12 (5): 1896.

[124] Lu Q, Kim K D. Autonomous and connected intersection crossing traffic manage-ment using discrete-time occupancies trajectory [J]. Applied Intelligence. 2019, 49 (5): 1621-1635.

[125] Daganzo C F, Lehe L J. Traffic flow on signalized streets [J]. Transporta-tion Research Part B: Method-ological. 2016, 90 (8): 56-69.

[126] Almasri E H. Signal coordination for saving energy and reducing congestion using transyt-7f model and its application in gaza city [J]. Natural Re-sources. 2014, 92 (10): 532-545.

[127] Tang K, Yang P, Yao X. Negatively correlated search [J]. IEEE Journal on Selected Areas in Communications. 2016, 34 (3): 542-550.

[128] Zhang Y, Zhou Y. Distributed coordination control of traffic network flow using adaptive genetic algorithm based on cloud computing [J]. Journal of Network and Computer Applications. 2018, 119 (9): 110-120.

[129] Mirjalili S. Genetic algorithm [M]. Cham: Springer, 2019.

[130] Çinar M, Kaygusuz A. Artificial immunity based wound healing algorithm for power loss optimization in smart grids [J]. Advances in Electrical and Computer Engineering. 2020, 20 (1): 11-18.

[131] Zhang Y, Lei X, Tan Y. Application of Fireworks Algorithm in Bioinforma-tics [M]. Washington: IGI Global, 2020.

[132] Yu X, Qiao Y, Li Q, et al. Parallelizing comprehensive learning particle swarm optimization by open computing language on an integrated graphical processing unit [J]. Complexity. 2020, 28 (6): 101-118.

[133] Taradeh M, Mafarja M, Heidari A A, et al. An evolutionary gravitational search-based feature selection [J]. Information Sciences. 2019, 49 (7): 219-239.

[134] NACTO. Urban street design guide [M]. Washington: Island Press, 2013.

[135] Jian L. Multi-objective optimisation of traffic signal control based on particle swarm optimisation [J]. International Journal of Grid and Utility Compu-ting. 2020, 11 (4): 547-553.

[136] Tan Y, Zhu Y. Fireworks algorithm for optimization [C]// Springer. In-ternational conference in swarm intelligence: Springer, 2010: 355-364.

[137] Papageorgiou M, Diakaki C, Dinopoulou V, et al. Review of road traffic control strategies [J]. Proceedings of the IEEE. 2003, 91 (12): 2043-2067.

[138] Mirchandani P, Wang F Y. Rhodes to intelligent transportation systems [J]. IEEE Intelligent Systems. 2005, 20 (1): 10-15.

[139] Chen B, Cheng H H. A review of the applications of agent technology in traffic and transportation systems [J]. IEEE Transactions on intelligent transportation systems. 2010, 11 (2): 485-497.

[140] LiL, Wen D, Yao D. A survey of traffic control with vehicular communications [J]. IEEE Transactions on Intelligent Transportation Systems. 2013, 15 (1): 425-432.

[141] Bingham E. Reinforcement learning in neurofuzzy traffic signal control [J]. European Journal of Operational Research. 2001, 131 (2): 232-241.

[142] Prashanth L, Bhatnagar S. Reinforcement learning with function approximation for traffic signal control [J]. IEEE Transactions on Intelligent Transportation Systems. 2010, 12 (2): 412-421.

[143] El-Tantawy S, Abdulhai B, Abdelgawad H. Multiagent reinforcement learning for integrated network of adaptive traffic signal controllers (marlin-atsc): methodology and large-scale application on down-town toronto [J]. IEEE Transactions on Intelligent Transportation Systems. 2013, 14 (3): 1140-1150.

[144] Ozan C, Baskan O, Haldenbilen S, et al. A modified reinforcement learning algorithm for solving coordinated signalized networks [J]. Transportation Research Part C: Emerging Technologies. 2015, 54 (5): 40-55.

[145] Arel I, Liu C, Urbanik T, et al. Reinforcement learning-based multi-agent system for network traffic [J]. IET Intelligent Transport Systems. 2010, 4 (2): 128-135.

[146] Balaji P, German X, Srinivasan D. Urban traffic signal control using reinforcement learning agents [J]. IET Intelligent Transport Systems. 2010, 4 (3): 177-188.

[147] Haarnoja T, Zhou A, Hartikainen K, et al. Soft actor-critic algorithms and

applications [J]. arXiv preprint arXiv：1812. 05905. 2018.

[148] Williams R J. Simple statistical gradient-following algorithms for connection-ist reinforcement learning [J]. Machine learning. 1992, 8 (4)：229-256.

[149] Lillicrap T P, Hunt J J, Pritzel A, et al. Continuous control with deep rein-forcement learning [J]. arXiv preprint arXiv：1509. 02971. 2015.

[150] Hasselt H. Double q-learning [J]. Advances in neural information process-ing systems. 2010, 23 (9)：2613-2621.

[151] Fujimoto S, Hoof H, Meger D. Addressing function approximation error in actor-critic methods [C]// PMLR. International Conference on Machine Learning：PMLR, 2018：1587-1596.

[152] Brockman G, Cheung V, Pettersson L, et al. Openai gym [J]. arXiv pre-print arXiv：1606. 01540. 2016.

[153] Duan Y, Chen X, Houthooft R, et al. Benchmarking deep reinforcement learning for continuous control [C]// PMLR. International conference on machine learning：PMLR, 2016：1329-1338.

[154] Gu S, Lillicrap T, Ghahramani Z, et al. Q-prop：Sample-efficient policy gradient with an off-policy critic [J]. arXiv preprint arXiv：1611. 02247. 2016.

[155] Henderson P, Islam R, Bachman P, et al. Deep reinforcement learning that matters [C]. Proceedings of the AAAI Conference on Artificial Intelli-gence：volume 32, 2018：1531-1543.

[156] Ceylan H, Bell M G. Traffic signal timing optimisation based on genetic al-gorithm approach, including drivers'routing [J]. Transportation Research Part B：Methodological. 2004, 38 (4)：329-342.

[157] Wei H, Zheng G, Yao H, et al. Intellilight：A reinforcement learning ap-proach for intelligent traffic light control [C]. Proceedings of the 24th ACM SIGKDD International Conference on Knowledge Discovery & Data Mining, 2018：2496-2505.

[158] Gao K, Zhang Y, Su R, et al. Solving trafficsignal scheduling problems in heterogeneous traffic network by using metaheuristics [J]. IEEE Transac-tions on Intelligent Transportation Systems. 2018, 20 (9)：3272-3282.

[159] Claus C, Boutilier C. Thedynamics of reinforcement learning in cooperative multiagent systems [J]. AAAI/IAAI. 1998, 65 (2): 746-752.

[160] Shamshirband S. A distributed approach for coordination between traffic lights based on game theory. [J]. Int. Arab J. Inf. Technol. 2012, 9 (2): 148-153.

[161] Tan M. Multi-agent reinforcement learning: Independent vs. cooperative agents [C]. Proceedings of the tenth international conference on machine learning, 1993: 330-337.

[162] Abdoos M, Mozayani N, Bazzan A L. Traffic light control in non-stationary environments based on multi agent q-learning [C]// IEEE. 2011 14th International IEEE conference on intelligent transporta-tion systems (ITSC): IEEE, 2011: 1580-1585.

[163] Pan L, Cai Q, Huang L. Softmax deep double deterministic policy gradients [J]. Advances in Neural Information Processing Systems. 2020, 33 (6): 576-592.

[164] Domb C. Phase transitions and critical phenomena [M]. Amsterdam: Elsevier, 2000.

[165] Abed-Alguni B H, Paul D J, Chalup S K, et al. A comparison study of co-operative q-learning algorithms for independent learners [J]. Int. J. Artif. Intell. 2016, 14 (1): 71-93.

[166] Nguyen H D, Tran K P, Heuchenne C. Monitoring the ratio of two normal variables using variable sampling interval exponentially weighted moving average control charts [J]. Quality and Reliability Engineering International. 2019, 35 (1): 439-460.

[167] Banerjee D, Sen S. Reaching pareto-optimality in prisoner's dilemma using conditional joint action learning [J]. Autonomous Agents and Multi-Agent Systems. 2007, 15 (1): 91-108.

[168] Buşoniu L, Babuška R, De Schutter B. Multi-agent reinforcement learning: An overview [J]. Innovations in multi-agent systems and applications-1. 2010, 21 (5): 183-221.

[169] Agogino A K, Tumer K. Analyzing and visualizing multiagent rewards in

dynamic and stochastic domains [J]. Autonomous Agents and Multi-Agent Systems. 2008，17（2）：320-338.

[170] Chu T，Wang J，Codecà L，et al. Multi-agent deep reinforcement learning for large-scale traffic signal control [J]. IEEE Transactions on Intelligent Transportation Systems. 2019，21（3）：1086-1095.